資産10億円をめざす

# 不動産アービトラージ入門

福田郁雄

プラチナ出版

# はじめに

　私が不動産コンサルタントとして独立してから20年が経ちました。これまでは不動産投資分野におけるコンサルティング業と教育事業を中心に活動してきましたが、還暦を迎えてこれからの人生を考えました。

　人生には限りがあります。かけがえのない時間をどのように自分らしく、充実したものにするか。今後は従来の活動を徐々にペースダウンし、65歳からは蓄積した資産の運用と自由な生活を満喫する予定です。

　ただし、資産家の集まりである「ビリオンクラブ」はこれからも続けるつもりです。「ビリオンクラブ」は2020年にスタートし、これまでコンサルティングを依頼されたクライアントのうち総資産10億円以上の方をメンバーに迎えたクローズドな団体です。

　私自身も「ビリオンクラブ」のメンバーです。不動産コンサルタントとして資産家の相続対策や資産形成をサポートするだけでなく、自分の考え方や手法による不動産投資を自らも実践してきました。

　2020年に総資産は10億円に達し、コロナ禍の3年でさらに34億円にまで増やすことができました。もちろんバランスシート上は債務もあり、差し引きの純資産は約10億円です。

　家賃収入については、2020年に年間1億円ほどだったものが、現在は年間2億2,000万円へ倍増しています。元金は毎月800万円弱、年間9,200万円のペースで減っているので、このまま資産価値（評価額）が変わらなければ、毎月800万円ずつ積立貯蓄をしているようなものです。

　コロナ前から首都圏では投資用不動産の価格が上がって優良物件が見つからないといわれていました。そのため「どうやって増やし

たのか」とよく質問を受けました。

　答えは２つあります。

　第一に「不動産アービトラージ」です。「不動産アービトラージ」は私のコンサルティング手法の中核をなす考え方で、2010 年からいろいろな講演会や雑誌で紹介し始めました。自分ではあまり自覚していませんが、私のコンサルティングは分かりやすく説得力があると言われることがあります。あえてその理由をあげるなら、「不動産アービトラージ」の発想を活用しているからではないかと思います。

　第二に「リミテッド」です。これは、「不動産アービトラージ」を実践する中で辿り着いた考え方で、「不動産アービトラージ」の派生型とも言えます。簡単にいえば、他にはない独自の特徴や個性を備えた物件ほど経済や市場の変化に対するレジリエンス（回復力）が高く、安定的に資産価値を維持し、結果的に大きなリターンを得られるということです。「リミテッド」な物件を手に入れるには相当程度の収入と資産背景がないと難しいですが、今も昔も変わらない不動産投資における王道だと思います。

　こうした考え方や実践法については、「広く公開して真似されたら困るのでは」とよく言われますが、有用な情報は自分だけで抱え込むより、それを求めている人たちと共有するほうが回り回って自分のメリットになるというのが私の信念です。

　今回の書籍もそうした発想からまとめたものであり、これまでの私の不動産投資におけるコンサルティングと実践の集大成です。

読むべき人が読めば多くの気づきとヒントが満載です。ぜひ有効に活用してみてください。

福田郁雄

# 目　次

第**1**章

# 不動産アービトラージとは
# 何か？

# 第2章

# 不動産アービトラージの
# パターンと実例

装丁・本文デザイン　　TYPEFACE
本文イラスト　　　　　坂木浩子
DTP　　　　　　　　　トゥエンティフォー

第**1**章

不動産
アービトラージと
何か？

は

# 「アービトラージ」の
# 意味と考え方

## ■「単純取引」と「アービトラージ」

　不動産投資における私の考え方の根底にあるのが「アービトラージ」です。

　一般的な投資では、相場の動きを予想して「買い（ロング）」または「売り（ショート）」のポジションを取り、予想どおりの方向に動いて含み益が一定のレベルに達したら、反対売買を行ってポジションを解消し利益を確定します。

　たとえば、上場したばかりの新興企業の中から将来、大きく成長しそうな会社を選び、その株を買って値上りを待つというやり方が典型です。これは「単純取引」といわれるもので、投資においては最も基本的な手法です。

　これに対して「アービトラージ」とは市場の歪みを見つけて儲ける手法です。金融市場では「裁定取引」とか「鞘取り」呼ばれ、証券会社や投資銀行のトレーディング（自社売買）部門では日常的に使われています。

　株式や債券などの金融商品はオープンな市場で多くの参加者が日々、大量の取引を行い、需要と供給のバランスで価格が決まるため、価格の透明性が高いとされます。しかし、それでも本来の価値よ

り割高に評価されるものがあったり、逆に本来の価値より割安に放置されているものがあったり、必ず歪みがあります。そこに着目するのが「アービトラージ」です。

## ■ 同じ会社の社債でも日米で７％もの差

ひとつ、例を挙げてみましょう。

少し前になりますが、2023年１月20日に楽天がアメリカで発行したドル建て１年10カ月もの無担保社債の利率は10.25％でした。一方、2023年２月10日発行の円建て2年もの無担保社債の利率は3.30％でした。ちなみに債券とは、額面額を投資すると満期までの間、定期的に利息（クーポン）が支払われ、満期になると額面額が戻ってくるという金融商品です。

同じ楽天という会社が発行する債券で償還までの期間（満期）もほぼ同じなのに、日本とアメリカでは約７％もの差があるのは「なんだかおかしい」と思うかもしれません。しかし、こうしたことは珍しくないのです。このケースについていえば、アメリカと日本の金融市場は国際化の進展でかなりの程度、連動するようになっていますが本来はそれぞれ別の市場です。通貨も違えば金融市場のベースとなる国債の金利も違います。

アメリカの長期金利（10年物国債の市場利回り）は当時4.5％ぐらいだったのに対して、日本は0.5％ほどであり、そこでまず４％の差が生じています。

残りの金利差については、債券の格付けの違いでほぼ説明できます。債券の格付けとは、発行時に約束された利息（クーポン）の支払いや満期での元金の払戻しの確実性について、第三者機関が評価したものです。アメリカのスタンダード＆プアーズやムーディーズ、欧州系のフィッチ、日本では日本格付研究所や格付投資情報センターなどが知られています。

楽天が発行する債券に対して日本国内での格付けは「Ａプラス」でした。スタンダード＆プアーズなどアメリカ国内では「ＢＢ」でした。格付けが低ければそれだけリスクが高いので、投資家に買ってもらうために金利を高くしていたのです。

　一方、そうした説明はできますがもともと同じ会社で社債のリスクは本来、同じはずです。アメリカの格付け会社の評価が厳しく日本が緩いともいえ、格付け会社の評価の差が３％の金利差を生んでいました。

　この金利差を生かした「アービトラージ」としては、実際には無理ですが日本で楽天の債券をショート（空売り）、アメリカでは楽天の債券をロング（買い持ち）というポジションをつくり、一定期間後に決済すればほぼノーリスクで金利差分の利益を確保できるはずです。

**図1-1** 格付け機関による格付けの例

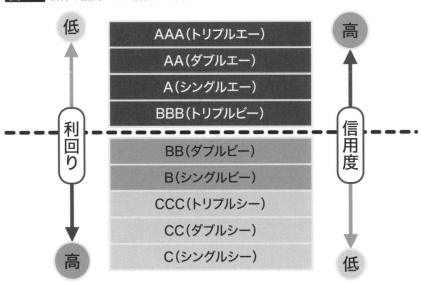

※一般にBBB（トリプルビー）以上が「投資適格格付け」とされ、BB（ダブルビー）以下は「投機的格付け」とされる。

## ■ アービトラージの２つの特徴

　いま紹介したのは、同じ会社の債券が市場と格付けの違いによって金利が異なることを利用した理論上のアービトラージですが、次のような取引が実際に行われています。

(1) **リスク裁定**：いずれ同一の会社になる上場企業間のＭ＆Ａの値動きを利用したアービトラージ。通常、買収される企業の株にはプレミアムが付くのでそちらを買い、買収を行う会社の株を売る。

(2) **ペア・トレード**：相関の高い銘柄間で売りと買いを組み合わせるアービトラージ。価格差が異常に広がったときに一方を買い一方を売ったりし、価格差が縮まったところで決済する。

(3) **株価指数裁定**：株価指数先物と現物株は最終決済日に値段が一致することを利用したアービトラージ。株価指数先物が理論値より高く、これと比較して現物が安くなったとき、先物を売って現物を買う。

(4) **租税裁定**：税制上のギャップを利用するアービトラージ。たとえば、所得を税率の高い課税科目から低い課税科目に移したりする。

(5) **規制裁定**：市場間における規制の違いを利用したアービトラージ。一般に規制の厳しい市場から緩やかな市場へ資産を移転する。

　こうしたさまざまなアービトラージにはいくつか共通した特徴があります。

　第一に、投資手法の中では比較的リスクが低いことです。理論的には投資のリスクとリターンは比例するはずです。しかし、アービトラージではリスクを下げ、リターンを上げることが可能になります。

5

場合によってはほぼノーリスクでの利益確保も不可能ではありません。

第二に、いったん発生した歪みは時間とともに消えていくということです。一般的には、早い段階で歪みに気づくほど大きな利益が確保できますが、次第に多くの人が気づいて取引に参加するうち歪みがなくなります。

第三に、市場における価格の歪みをライバルより早く見つければ見つけるほど、利益を確保できる確率が高まります。「アービトラージ」は「先に見つけたもの勝ち」「早い者勝ち」ということがいえます。

第四に、あまり目立つようになると規制当局が網を掛けることがあります。租税裁定では特にそうした傾向が強く、最近「タワマン節税」に対して相続税の課税強化策が打ち出されたことなどはその一例です。

## ■「アービトラージ」は資本主義の基本

考えてみると「アービトラージ」というのは、実は資本主義の本質に根差したものです。

なぜなら資本主義の根本は利潤を追求することであり、利潤は「差異」からしか生みだされないからです。

イギリスから始まった産業革命によって、近代的な産業資本主義が成立しました。これは多数の労働者を使って大量生産をおこなう機械制工場システムにもとづく資本主義だといわれます。

しかし、工場があってもそれだけでは利潤は生まれません。工場生産に投入される費用（コスト）より、生産物の販売によって得られる収益が上回らなければなりません。それには工場の稼働率を安定させ不良品の発生を抑えたり、生産物に高い付加価値を付けたり、労働者に支払われる賃金より労働の生産性が高いことなどが鍵を握ります。

『会社はこれからどうなるのか』（岩井克人著／平凡社）によれば、1970年代あたりから先進資本主義国において、産業資本主義から、ポスト産業資本主義に、資本主義のかたちが変化し始めました。

　それは社会のあり方が、高度情報化社会や知識社会と呼ばれるものに変わってきたことに対応しています。戦後の日本は深刻なモノ不足に陥り、そこから復興していくなかでテレビ・洗濯機・冷蔵庫やカラーテレビ・クーラー・カー（自動車）などが飛ぶように売れました。良いものを安くつくって大量に売ればおのずと儲かったのです。

　しかし、ある程度の豊かさが達成されると価格や機能だけではモノは売れなくなります。価格や機能だけではない要素、ブランドイメージやストーリー、エクスペリエンス（顧客体験）といったもので違いを出すことが不可欠になってきました。差異を巡る競争はどんどん高度になり、人間の創造力が重要になってきています。

**図1-2** 「アービトラージ」の特徴

1 投資手法の中では比較的リスクが低い

2 歪みは時間とともに消えていく

3 先に見つけたもの勝ち、早い者勝ち

4 規制当局が網を掛けることがある

投資も同じです。かつて高度経済成長期には、地方から都市部へ大量の人口移動が続いたので都市近郊などにアパートや借家を建てればすぐ満室になりました。バブル経済のころには、どの株を買ってもほぼ間違いなく値上がりしました。

　しかし、バブル崩壊後、日本では長引くデフレにおいて投資にも冬の時代が訪れました。過去30年でアメリカのダウ平均株価は約13倍にもなっているのに対し、日経平均はまだ1989年末に付けた3万8,915円の最高値を更新できていません。

　こうしたなか、他の人と同じことをやっていては所詮、後追いにしかなりません。投資において新たな利益を生む「差異」の具体例がアービトラージなのです。

**図1-3** 資本主義の発展プロセスと差異の例

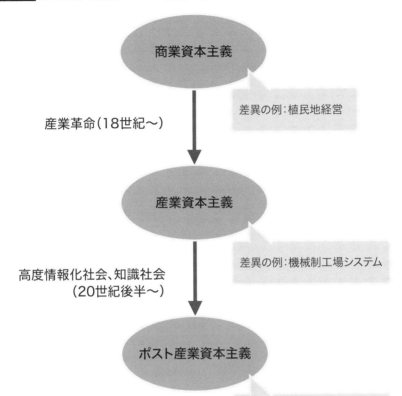

商業資本主義

差異の例：植民地経営

産業革命（18世紀〜）

産業資本主義

差異の例：機械制工場システム

高度情報化社会、知識社会
（20世紀後半〜）

ポスト産業資本主義

差異の例：金融アービトラージ

# 不動産投資における アービトラージ

## ■ 投資商品におけるリターンとリスク

　あらゆる投資商品は「リターン」と「リスク」の関係でとらえることができます。

　「リターン」とは「儲け」のことです。儲けには利子や配当、賃料収入のように投資した資産を保有している間に定期的ないしは不定期に入ってくる「インカムゲイン」と、投資した資産を売却することによって得られる差益である「キャピタルゲイン」があります。

　投資商品によって、インカムゲインが中心のものもあれば、キャピタルゲインが中心のものもあります。

　前者の代表例が債券です。債券は一般に満期までの間、あらかじめ決まっているクーポン（利息）を定期的に受け取り、満期になれば額面額が戻ってきます。

　後者の代表例が株式です。株式にも定期的なリターンとして配当や株主優待がありますが、発行会社の業績や方針によってはないこともあります。それより株式の醍醐味は会社の売上や利益が伸び、株価が大きく上昇することによるキャピタルゲインです。場合によっては数年で何十倍に値上りすることもあります。

　一方、投資における「リスク」とは一般的な意味での「危険」とい

うことではなく、インカムゲインやキャピタルゲインの「ブレ」のことです。大きく儲かるかもしれないけれど、場合によってはとんでもなく損する可能性もあるということです。

図1-4 投資商品における「リスク」の意味

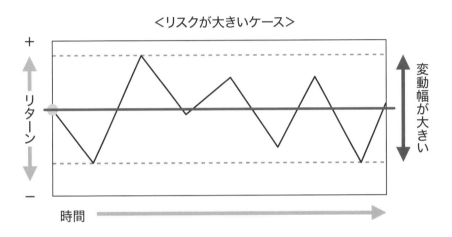

＜リスクが大きいケース＞

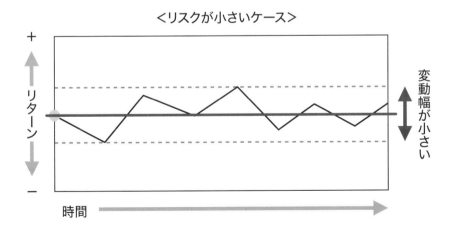

＜リスクが小さいケース＞

一般にこうした「ブレ」の大きい投資商品はそのリスクに応じて「リターン」も多くなる傾向があります。投資においてリスクとリターンは比例するのが原則です。

　投資商品の種類によって、こうしたリスクとリターンの関係は一般に**図1-5**のように説明されています。

　銀行預金はいまほとんど利息がつきませんが、もし銀行が倒産して

**図1-5** 主な投資商品のリスクとリターンの関係（イメージ）

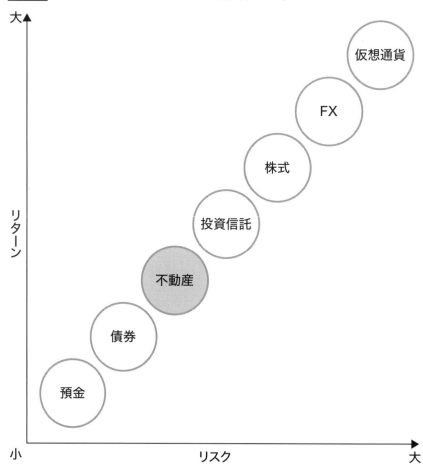

も国によって一金融機関あたり1,000万円までは払戻が保証されており、ほとんどリスクがありません。いわゆる「ローリスク・ローリターン」の代表です。

　これに対して株式は、企業の業績や成長によって株価が値上がりすれば大きなキャピタルゲインが狙えますが、事業環境の変化や不祥事などで業績が悪化すると株価が数分の１になったり最悪の場合、紙くずになってしまいます。こちらは「ハイリスク・ハイリターン」の代表です。さらにＦＸや仮想通貨になると、投資というよりは一獲千金を狙う投機（ギャンブル）といっていいでしょう。

　これらに対し不動産投資は「ミドルリスク・ミドルリターン」の投資商品とされます。

　ミドルリスクというのは、現物資産なので借り手がつかなくなっても土地や建物は残るということです。また、アパートや賃貸マンションの賃貸借契約は通常、２年単位なので賃料収入の変化は緩やかですし、売買についても売主と買主の相対取引なので通常は３カ月から半年程度かかり、価格の変化もさほど大きくはありません。株式のように短期間で半額になるといったことはまず考えられません。

　ミドルリターンというのは今の話の逆です。インフレになっても賃料は２年契約の改定時か新規募集の際に見直しかないので、他の商品やサービスより上がるのが遅れがちです。売買における価格も、よほどのことがない限り１年で５割も値上りしたり、数年で倍になったりすることはほぼあり得ません。

## ■ 金融商品と不動産の違い

　先ほど説明した金融業界におけるアービトラージの発想を、「ミドルリスク・ミドルリターン」の不動産において応用するのが「不動産アービトラージ」です。

　金融商品は市場において日々、多数の取引が行われるため価格の歪

みは比較的少ない傾向があります。一方、金融商品に比べると不動産はひとつとして同じものがないという特殊性があり、極端なことをいえば「価格に歪みのない不動産はない」といってもいいくらいです。

また、同じ不動産でもそれをどのように利用するかによって期待されるリターンは大きく異なってきます。ある人には単なる「ボロ屋敷」であっても、別の人には「宝の山」になったりします。個々の不動産の価値をどのように見るかは、見る人のスキルやノウハウによるのです。とはいえ現在では、なるべく客観的に不動産の価値を評価するため「不動産の鑑定評価に関する法律」と不動産鑑定士という国家資格があります。

不動産鑑定士による鑑定評価の方法論についてここでは詳しくは触れませんが、基本的には図1-6のように「原価法」「取引事例法」「収益還元法」の３つがあります。そして、原則として複数（可能な限り３つ）の方法を用いて試算した上で調整し、論理的に説明できる評価額を求めることになっています。

このうち「収益還元法」は不動産投資において主に用いられます。これは投資した不動産から得られる収益を還元利回り（または期待利回り）で割り戻すものです。収益還元法で求めた試算価格を「収益価格」といいます。

実際の投資判断においては取引事例法による「比準価格」や原価法による「積算価格」も合わせて検討することが重要です。そのことによって不動産における価格の歪みを発見し、「不動産アービトラージ」がやりやすくなります。

## ■「不動産アービトラージ」の基本パターン

私自身、常に不動産市場の歪みをウォッチングしながらそこに利益の機会を見つけるという意味で「不動産アービトラージャー」という肩書を使っています。

**図1-6** 不動産鑑定評価における3つの評価方法

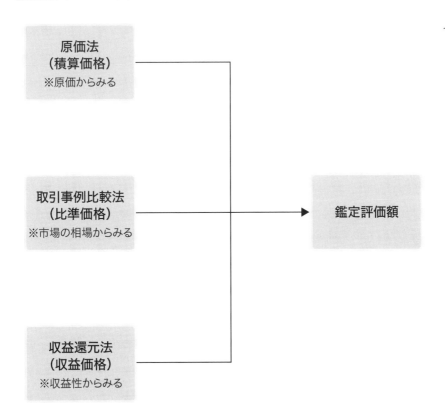

「不動産アービトラージ」にはさまざまなケースがありますが、私が過去の取引で発見した代表的なものをまとめたのが**図1-7**です。

これらの中には「もう知っているよ」と思われるものがあるかもしれませんが、まずは不動産アービトラージの全体像を掴むことによって、具体的な投資物件に検討においてより適切な判断ができるようになるはずです。

詳しくは第2章において説明します。

図1-7 不動産アービトラージの5つのパターン

| 業界の仕組みや慣行によるもの | 情報格差 | 開発行為 | 時間差 |
|---|---|---|---|
| | • プロとアマ<br>• 地元とその他<br>• 任売・競売<br>• 買取仲介<br>• 非公開 | • 宅地開発<br>• ビル開発<br>• 共同ビル | • 決算期<br>• 売り急ぎ・投げ売り<br>• 相続税支払い時 |

| 制度によるもの | 税金 | 法律 | 政策 |
|---|---|---|---|
| | • 時価と相続税評価の差 | • 底地+借地権と更地価格の差 | • 公共用地買収<br>• 調整地域での建築 |

| 活用法によるもの | 最有効使用 | 鑑定手法 | 小口化 |
|---|---|---|---|
| | • テナントの変更による賃料アップ<br>• 建築業者とマンションデベロッパーとの価格の乖離（利用のミスマッチ）<br>• 活用計画による利回り差 | • 収益還元価格と取引事例価格の差<br>• 収益還元価格と開発価格の差 | • 時間貸し駐車場<br>• トランクルーム<br>• シェアオフィス<br>• リゾートマンション利用権 |

| マネジメントによるもの | AM（アセットマネジメント） | PM（プロパティマネジメント） | BM（ビルマネジメント） |
|---|---|---|---|
| | • 組み換え<br>• レバレッジ<br>• LTV | • 経費削減<br>• 賃料アップ<br>• サブリース外し | • 用途変更<br>• リノベーション<br>• バリューアップ |

| リミテッドによるもの | エリア | 階数・眺望 | 競合 |
|---|---|---|---|
| | • 駅前や大学周辺<br>• 川や海沿い<br>• 公園の横 | • 東南角地<br>• 最上階<br>• ビュー | • 建築規制<br>• 特優賃 |

## ■ 個別性の高さと情報の不透明さ

　不動産は大きく土地と建物に分けられます。土地はその立地や形状、道路付け（土地が面した道路の種別、幅、道路と接する長さ、道路と土地の高低差など）においてさまざまです。

　建物も同じです。マンションやアパートはひとつの建物に同じような間取りの住戸が複数存在しますが、それでも階数や方角などの違いがあります。

　さらに問題なのは、不動産業界では取引に関する情報があまりオープンになっていないことです。10年ほど前からインターネットの投資用物件サイトが増えましたが、そこに掲載されている物件情報は市場に売り出されているうちの一部であり、かつ売主の希望価格に過ぎません。掲載されている情報も限られていたり、間違いが含まれていたりすることもあります。

　また、不動産の取引情報については、国土交通大臣から指定を受けた全国に4つある不動産流通機構が運営している「REINS（レインズ）」というデータベースがあります。

　これは「Real Estate Information Network System（不動産流通標準情報システム）」の頭文字をとったもので、売主や貸主から仲介の依頼を受けた不動産会社によって日々、売買や賃貸の物件情報が多数、登録されています。

　しかし、REINSについても市場で売買や賃貸される物件がすべて登録されているわけではありません。また、REINSでは入力しなければならない項目が物件の価格、住所、面積、間取りといった基本的な情報に限られます。過去にいくらで取引されたのか、賃貸の場合は賃料がどれくらいだったのかといったことまではわかりません。

**図1-8** REINSの体制

（公社）中部圏不動産流通機構
（中部レインズ）

（公社）西日本不動産流通機構
（西日本レインズ）

鳥取・島根・広島・山口
岡山・徳島・香川・愛媛
高知・福岡・佐賀・長崎
熊本・大分・宮崎・鹿児島
沖縄

（公財）東日本不動産流通機構
（東日本レインズ）

（公財）近畿圏不動産流通機構
（近畿レインズ）

※レインズ（Real Estate Information Network System）は、宅地建物取引業法に基づき、国土交通大臣の指定を受けた「指定流通機構」である全国で4つの公益社団法人や公益財団法人によって運営されている。

## ■ リスクとリターンの実際

　世の中なんでもそうですが、「リスクなくしてリターンなし」です。投資においてもリスクがつきものですが、リスクがあるからリターンが得られるということを忘れてはなりません。

　さらにいうと、実際に多いのはハイリスク・ローリタンの投資話です。リスクの説明を曖昧にしたりまったくしないまま「絶対儲かる」と断言するようなケースは、ほぼ間違いなくそうです。一方、ローリスクでハイリターンというような虫の良い話はめったにありません。もしあるとしたら宝くじに当たるようなもので、投資とは次元の違う話になってしまいます。

　ですから投資において欠かせないのは、リスクを取ること（リスクテイク）の "勇気" とリスクを管理すること（リスクマネジメント）の "スキル" の２つだということになります。

　繰り返しになりますが、リスクを取らなければリターンはありません。そもそもリスクを取りたくないなら、投資はするべきではありません。

　かといって、やみくもにリスクを取れと言っているのではありません。リターンを得ようと思えば一定のリスクは必ずついてくるので、リスクをあらかじめ想定し、その影響をなるべく抑えることが大事です。また、リスクが現実のものとなったとしても、損切りを徹底するなどなるべくリターンの範囲内で収まるようにすることです。

# ■ 最大のリスクは物件価格の下落

　不動産投資におけるリターンは基本的に、毎月の賃料収入（インカムゲイン）と、将来売却した際の売却益（キャピタルゲイン）の2つです。

　このうち、インカムゲインについては立地、スペック、賃料設定に大きな間違いがなければほぼ読めます。たとえば、東京での新築賃貸マンションの経費率はだいたい20％以内なので、家賃の80％は利益となります。この利益の蓄積で投下資本を回収していきます。ネット利回りが年4％の場合、25年間で投下資本が回収できることになります（4％×25年＝100％）。

　一方、キャピタルゲイン（あるいはキャピタルロス）は物件を取得した時点ではなかなか読めません。そして、不動産投資における最大のリスクは物件価格の下落です。いまの例でいうと25年の間に、物件のあるエリアが不人気となって地価や賃料が下がったり、建物の老朽化で修繕費がかさんだりすることにより物件の市場価格が下がると、それだけリターンが減ります。最悪の場合、投下資本が回収できなくなることもありえます。

　たとえば、バブル景気（1980年代中ごろから1990年代初頭）の時代に建てられた賃貸マンションはいま、築30年を超えます。いろいろなところで建物や設備の劣化が目立つようになっています。排水管が劣化して水漏れでも起きたら目も当てられません。外壁や屋上も傷んできて補修をしなければならないとすれば、足場の設置を含め戸当たり数十万円から100万円を超える費用がかかることもあります。

　また、室内の設備も古臭くなって空室率が上昇したり、家賃を下げざるを得なくなったりします。さらに、こうした物件を売却する際、買主からはそれなりに高い利回りを要求されます。賃料収入が一定の場合、収益還元法において利回りを上げるとは、売却価格を下げるこ

**図1-9** インカムゲインとキャピタルゲインのイメージ

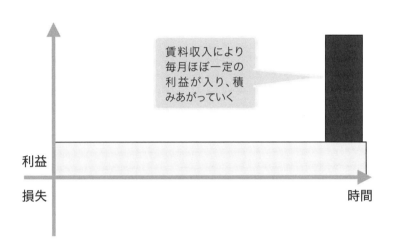

＜インカムゲイン＞

賃料収入により
毎月ほぼ一定の
利益が入り、積
みあがっていく

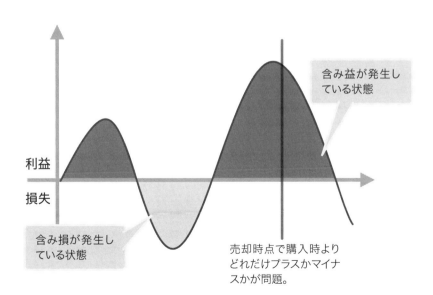

＜キャピタルゲイン＞

含み益が発生し
ている状態

含み損が発生し
ている状態

売却時点で購入時より
どれだけプラスかマイナ
スかが問題。

とに他なりません。

　建物の劣化や賃料の低下が起こるのかどうか、また起こるとしてどの程度か、前もって正確に知ることは無理です。そのときになって初めてわかるので、リスクというのです。リスクが起きなければ、その分はリターンとなります。

　将来、売却する際の出口のリスクについても考えてみましょう。買ったときは20年のローンが組めたとしても、仮に10年後に売却するとなると法定耐用年数がそれだけ短くなり、金融機関の判断による面はありますが、買い手は10年くらいしかローンが組めないかもしれません。そうなるとやはり利回りで魅力を出さなければならなくなり、売却価格を下げざるを得ません。

　こうしたリスクを避けるには、購入時において修繕費や耐用年数の減少による価値の低下を考慮しておく必要があります。もちろん、将来のことは予想が難しく簡単ではありませんが、そのリスクに見合うだけの十分なリターンが得られる価格なら買う、というスタンスが必要です。ちなみに、そうした判断においては、国債など安全資産の利回りにその不動産で想定されるリスクプレミアムを上乗せした「期待利回り」によって想定賃料収入を割り戻し、価格の妥当性を判断します。

## ■ 不動産投資におけるリスクマネジメントとは？

　価値下落が不動産投資における最大のリスクであれば、価値の落ちにくい収益不動産を選ぶということはとても重要な考え方です。

　たとえば、今後も地価が上がっていく確率の高い立地の物件ならどうでしょう。エリアごとの公示地価や相続税路線価の推移を見ると地価のトレンドがわかります。基本的に人口が集中する大都市圏ほど、さらにいえば中心に近い人気エリアほど上昇率が高くなっています。

図 **1-10** 地価の推移の例

(1)主要都府県の相続税路線価標準宅地の前年変動率(平均)の推移

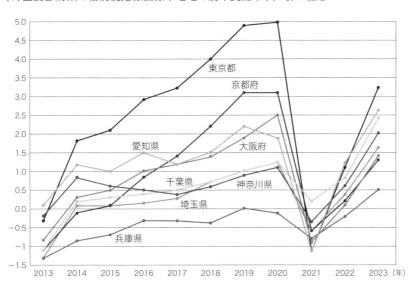

(2)銀座・鳩居堂前の相続税最高路線価の推移

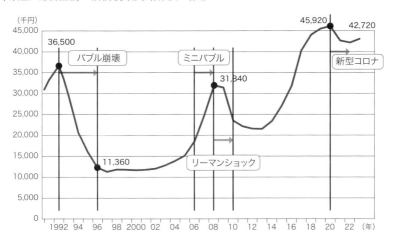

この傾向は今後も変わらないと思います。

　次に、家賃が上げられるかどうかです。人口減少が続き、家賃の上限額がほぼ決まっているようなエリアではアップサイドが望めません。

　また、賃貸住宅の供給が急速に増えていきそうな地域も競争が激しくなり、賃料アップは厳しいでしょう。たとえば、小規模な店舗や事務所、倉庫や作業場などが密集していて、廃業が増えているエリアがそうです。近隣商業地域や準工業地域などの容積率が大きいエリアは特に、アパートや賃貸マンションの新規供給が増えやすい傾向にあります。

　ただし、そうしたエリアであっても、何らかの理由で周辺相場と比較して賃料が低く設定されている物件であれば、入居者が入れ替わる都度、上げていくことが可能です。

　長く持ちすぎない、ということもリスクマネジメントのひとつです。たとえば、新築の一棟マンションを購入し、10年くらいで売却するのです。このやり方が理にかなっている点はまず、まとまった出費が発生する大規模修繕の前に手放すということです。設備も古臭くなっていないはずです。入居者の入れ替えは2〜3回くらいでしょう。家賃が下落する心配も少なく、当初の設定によってはむしろ値上げできることもあり得ます。

　さらに居住用の鉄筋コンクリート（ＲＣ）造の建物は法定耐用年数が47年なので、10年後でもまだ35年返済でローンを組むことができます。それだけ買い手が多くなり、売却しやすいといえます。しかも、ネット利回りが年4％であれば、10年間で投下資金の40％は回収できていることになります。

　そう考えれば、購入時の60％の価格でしか売れなくとも、税金を別にして考えればほぼ損失はありません。新築から10年後であれば、買った価格で売れる可能性は十分にありますし、買った価格以上で売

れることもあるでしょう。不動産投資ファンドやリートは基本的にこの考え方をしています。

　もちろん、そうした物件は人気が高く、利回りは低くなります。ですが一方では、資産価値の下落リスクが低いので、出口を含めて考えれば、結果的にハイリターンになっているということです。

　いずれにせよ、答えが出るのは先の話です。未来のことは誰もわかりません。答えのあることを学ぶ学校の勉強と投資とでは、根本的に違うところです。

# 不動産アービトラージ のポイント

## ■ 取引ではスピードが重要

「不動産アービトラージ」を実践するにあたって、注意すべき点を一つ挙げれば、スピードが非常に重要だということです。

　有利な物件情報をいちはやく入手し、買い付け証明（この価格で買いたいという書面）を仲介会社を通して売主に出し、売主と交渉するのです。

　不動産の取引きは基本的に「早い者勝ち」です。慣習上、早く手を上げた者から売主と交渉し、条件が折り合わなければ次に手を上げた人、というふうに順に交渉していきます。ですから、優良な収益不動産ほど「スピード勝負」になります。プロでもほんの少し、連絡を入れるのが遅くて買えないことはよくあります。

　とはいえ、なんでもかんでも先に手を上げればいいというわけではありません。表面利回りのよさに飛びついたら、とんでもないハズレだったということもありえるでしょう。

　ポイントは見極めを早くすることです。「この物件の価格は割高なのか、割安なのか」「どんなリスクが考えられるのか」といったことをぐずぐず考えているようでは他の投資家に先を越されます。

　理想を言えば、売り物件の情報が出てきたとき、現地を見に行った

りしなくても、すぐ買いかどうか判断できるくらいになっておくのです。それには、自分なりの判断軸を持っておくことが欠かせません。どのエリアのどの場所で、物件種別はどれで、建物の規模、築年数、構造はどういうもので、価格と利回りがこれくらいならOKという基準があらかじめ頭に入っていないといけません。当然、いろいろな物件を普段からよく見ておくことが前提になります。

## ■ 柔軟な発想で人と競争しない

不動産業界には目利きの鋭さで上手な投資ができている人がいますが、それは無意識のうちにこの不動産アービトラージの発想を取り入れているからだと思います。

目利きは単なる場数や経験で磨かれるのではなく、アービトラージの発想ができる人ができるのです。そのため、かえって異業種から参入した人のほうが思い込みが少なく、不動産アービトラージが働く場面を上手に見つけることもあります。

「不動産アービトラージ」の基本的な考え方が理解できれば、あとは応用するだけです。自分でどんなところにアービトラージがあるか、いろいろな物件を見ながら考えてみてください。

たとえば、エリアの見極めにおいて、住居系の収益不動産は特に人口が増えていて若者が多いエリア、あるいは沿線の世帯所得が高いエリアが有利といわれます。確かに一般的にはそうなのですが、そういうエリアは人気があり、物件価格もいきおい割高になりがちです。

私ならあえて人口が減っていて、高齢化が進み、世帯所得があまり高くないエリアの中で、たくさん人が集まるような立地を狙います。具体的にいえば利用客が多いコンビニエンスストアの近くなどです。あらかじめ「これが儲かる」といったワンパターンの決めつけをせず、柔軟な発想で人と競争しないところで勝負するのです。

築年数の新しい古いでいえば、私ならなるべく新築物件は避けま

**図1-11** 不動産アービトラージの発想の例

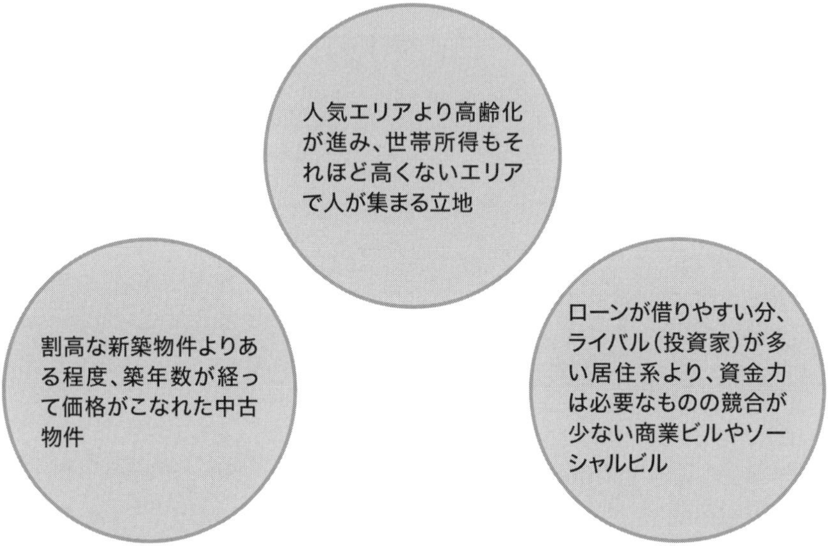

人気エリアより高齢化が進み、世帯所得もそれほど高くないエリアで人が集まる立地

割高な新築物件よりある程度、築年数が経って価格がこなれた中古物件

ローンが借りやすい分、ライバル（投資家）が多い居住系より、資金力は必要なものの競合が少ない商業ビルやソーシャルビル

す。新築物件はどうしてもデベロッパー（分譲業者）などの開発利益が上乗せされて割高であり、価格のこなれた中古物件のほうがアービトラージを見つけやすいと思います。もちろん、競合の多いエリア、競合の多い物件種別は避けたうえで、です。そして、場合によってはリフォームやリモデリングなどによって付加価値を付けることも検討します。

　その他、商業ビル、ソーシャルビルなど非住居系の収益物件についてはローンがつきにくく、自己資金を多く用意しなければなりませんが、割安で利回りの高い物件も少なくありません。

　リスクを見極めながら、多くの人がまだ気づいていない歪みのある物件を探すのが「不動産アービトラージ」の基本です。

1／　「アービトラージ」とは、市場の歪みを見つけて儲ける投資
　　　手法である。

2／　「アービトラージ」はリスクを抑えつつ儲けられる可能性が
　　　あるが、歪みを見つけるのが難しく、またいったん発生した
　　　歪みは時間とともに消えていくという特徴がある。

3／　「不動産アービトラージ」とは、不動産市場のさまざまな歪
　　　みを探し、収益の機会を見つけることである。

4／　筆者の考えでは、「不動産アービトラージ」には大きく分け
　　　て５つのパターンがある。

5／　「不動産アービトラージ」は発想の問題であり、不動産業界
　　　の経験が長いかどうかは関係ない。

# 第 2 章

# 不動産
# アービトラージの
# パターンと実例

# 不動産アービトラージ
# のパターン

## ■ 大きく分けて５つのパターン

　前章で触れた不動産アービトラージの５つのパターンをもう一度、確認しておきましょう。

　私は以前から、「業界の仕組みや慣行によるもの」「制度によるもの」「活用法によるもの」の３つに分類して紹介してきました。そこに今回新たに「マネジメントによるもの」と「リミテッドによるもの」を加えました。

　「業界の仕組みや慣行によるもの」とは、不動産業界ではよく見られるプロとアマの情報格差、開発行為（デベロップメント）による価値創造、取引主体による時間軸の違いなどによって生じる歪みに着目するものです。実際、これまでも個々の取引において広く利用されており、「知っているよ」という人も多いでしょう。

　「制度によるもの」とは、税金、法律、政策において見られる歪みに着目したものです。税金、法律、政策はいずれも本来は平等や公平を前提としているはずですが、個別具体的なケースにおいてさまざまな歪みやグレーゾーンが発生します。それがアービトラージにつながるわけです。ただし、制度に関わる歪みやグレーゾーンは制度の見直しによって変わることも少なくない点は頭に入れておきましょう。

「活用法によるもの」とは、まさに不動産をどのように活用するかという視点からみたアービトラージであり、他とは違った知恵や工夫が鍵を握ります。企業規模にかかわらず、不動産業界で業績が好調で成長している企業はある意味、このアービトラージをベースにしている

**図2-1** 以前から紹介してきた不動産アービトラージの3つのパターン

| 業界の仕組みや慣行によるもの | 情報格差 | 開発行為 | 時間差 |
|---|---|---|---|
| | ● プロとアマ<br>● 地元とその他<br>● 任売・競売<br>● 買取仲介<br>● 非公開 | ● 宅地開発<br>● ビル開発<br>● 共同ビル | ● 決算期<br>● 売り急ぎ・投げ売り<br>● 相続税支払い時 |

| 制度によるもの | 税金 | 法律 | 政策 |
|---|---|---|---|
| | ● 時価と相続税評価の差 | ● 底地＋借地権と更地価格の差 | ● 公共用地買収<br>● 調整地域での建築 |

| 活用法によるもの | 最有効使用 | 鑑定手法 | 小口化 |
|---|---|---|---|
| | ● テナントの変更による賃料アップ<br>● 建築業者とマンションデベロッパーとの価格の乖離（利用のミスマッチ）<br>● 活用計画による利回り差 | ● 収益還元価格と取引事例価格の差<br>● 収益還元価格と開発価格の差 | ● 時間貸し駐車場<br>● トランクルーム<br>● シェアオフィス<br>● リゾートマンション利用権 |

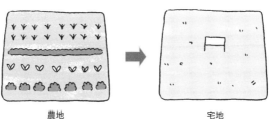

農地　　　　　　　　　　　宅地

ケースが少なくありません。私自身、これまでさまざまなやり方を試してきました。

　そして今回、新たに加えたひとつが「マネジメントによるもの」です。これは、主に物件を取得した後に取り組むアービトラージであり、アセットマネジメント、プロパティマネジメント、ビルマネジメントが当てはまります。

　もうひとつの「リミテッドによるもの」とは、何らかの点で他にはない独自の特徴やオンリーワンの個性を持った不動産を選ぶということです。これは現状の歪みを見つけるというより、将来において他の不動産との間で生じるであろう歪みをあらかじめ見つけることといえます。

　本章では「これら5つのパターン」について順に解説しつつ、事例も紹介していきます。

**図2-2** 今回新たに加えた不動産アービトラージの2つのパターン

| マネジメントによるもの | AM（アセットマネジメント） | PM（プロパティマネジメント） | BM（ビルマネジメント） |
|---|---|---|---|
| | ● 組み換え<br>● レバレッジ<br>● LTV | ● 経費削減<br>● 賃料アップ<br>● サブリース外し | ● 用途変更<br>● リノベーション<br>● バリューアップ |

| リミテッドによるもの | エリア | 階数・眺望 | 競合 |
|---|---|---|---|
| | ● 駅前や大学周辺<br>● 川や海沿い<br>● 公園の横 | ● 東南角地<br>● 最上階<br>● ビュー | ● 建築規制<br>● 特優賃 |

# 業界の仕組みや慣行によるもの

## ■「情報格差」によるアービトラージ

　まずは「業界の仕組みや慣行によるもの」です。これには「情報格差」「開発行為」「時間軸」の3つがあります。

「業界の仕組みや慣行によるもの」で代表的なのが、情報格差によるアービトラージです。情報格差のことは「情報の非対称性」ともいいます。

　たとえばプロ（業界関係者）とアマ（一般投資家）について考えてみましょう。一般にプロが持っている情報量とアマが持っている情報量には大きな差があります。さらに、情報の理解力、分析力についてもプロとアマでは差があり、同じ情報を前にしても判断の的確さ、読みの深さは比べものになりません。

　そのため、中にはプロが自分に不都合な情報を隠し、アマに都合の良い話だけを提供するケースも見られます。職業倫理に欠けるプロの責任は大きいですが、安易にこうした話を信じる個人投資家にも問題があると私は考えています。

　あるエリアにおいて地元に精通した人とエリアに不案内な人の間にも、情報格差によるアービトラージがあります。地元の仲介会社からすると「少し高いなあ」と思えても、東京などから来た投資家から見

れば安く感じ、相場以上の価格で買ってしまうということはよくあります。

　任意売却や買取仲介といったケースになると、プロの独壇場です。アマにはそもそも情報が届きにくく、プロの間でも限られた範囲にしか情報が回らないので、相場との乖離が大きい割安価格での取引が可能なことがあります。

　ただし、こうしたケースでは即断即決が求められ、慎重に検討したり、金融機関にローンの相談をしているような暇はありません。逆に、ハズレの可能性もないとはいえません。だからプロの独壇場なのです。

**図 2-3** 「情報格差」によるアービトラージの例

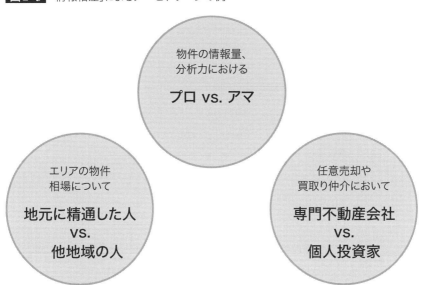

# ■「開発行為」によるアービトラージ

　駐車場を宅地造成して建売住宅を建てたり、駅前のビルや住宅を取り壊して高層ビルに建て替えたりすることを「開発行為」といいます。こうした開発行為による不動産の「開発」も、開発前と開発後の価格差に着目するという意味では一種の不動産アービトラージです。

　たとえば、広い農地を宅地造成するケースを考えてみましょう。造成工事では区画割して道路をつくったり水道等のインフラを引き込む費用がかかりますし、道路や公園などを設置する分、宅地として利用できる面積が少なくなります。一方、単位面積当たりの資産価値が大きくアップすることで、全体として利益を得ることができます。

　都市部の駅周辺や工場跡地などで盛んにおこなわれている再開発プロジェクトの場合、容積率の緩和措置などを受けてそれまでより延べ床面積がはるかに大きなオフィスビルやマンションを建て、賃貸や分譲で開発利益を得ます。

　同じパターンとして、狭小敷地に建つペンシルビルのオーナーが複数集まり、大型の共同ビルに建て替え、全体の資産価値を高めそれぞれのビルオーナーが利益を分かち合うケースがあげられます。大型ビルに生まれ変わることにより、たとえば坪1.5万円の賃料が坪３万円に跳ね上がることもあります。容積率の緩和措置などの特例を受けなくても、賃料の総額が２倍になったりするのです。

　単体の建物においては、リノベーションなどで内装設備や間取りを新しくしたり、住居を店舗にするなどの用途変更も「開発」によるアービトラージの一種です。かかったコスト以上に賃料収入がアップすれば開発利益を得ることができます。

　さらにいえば、不動産の「開発」によるアービトラージは金融業界のテクニカルなアービトラージと比較して、地域の活性化や建物の再利用といった点で社会的貢献度が高いという特徴もあります。

**図2-4** 「開発行為」によるアービトラージの例

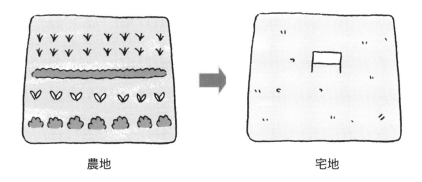

農地　　　　　　　　　　　　　宅地

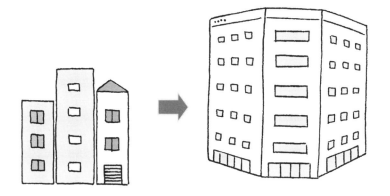

ペンシルビル　　　　　　　　　大型共同ビル

# ■「時間軸」によるアービトラージ

　不動産の取引や保有について時間的な余裕が「ある」か「ない」かによって価格差が生じることがあります。スーパーのタイムセールスや閉店セールスのような時間帯や時期によって価格に歪みが生まれる現象です。これも業界の仕組みや慣行による不動産アービトラージの一種です。

　たとえば、保有する不動産の売却について考えてみましょう。売却までの時間に余裕が「ある」場合、事前にマーケットや想定される買主をじっくり調べ、販売戦略を綿密に練り、価格を含め最も有利な条件で売却することを狙えます。

　一方、売却までに時間の余裕が「ない」場合、つまり売り急いでいる場合、相場よりかなり安い価格で取引せざるをえません。離婚による自宅の売却（財産分与）、法人の決算期直前の売却（決算対策）、相続税を払うための売却（納税資金確保）、競売前の任意売却、などがそうです。

　こうした時間軸によるアービトラージにおいては、誰でも同じように利益を得られるわけではありません。基本的に売主は急いでいるので、判断が速くキャッシュで決済できる買主のほうが有利であり、利益を得られる確率が高まります。

**図2-5** 「時間軸」によるアービトラージの例

【売却に時間的余裕がある場合】

☑ 入念に市場動向を調査し、ベストなタイミングで売却する。

☑ 高く買ってくれる売り方や買主を検討し、売却戦略を立てる。

## 売却益の最大化

【売却に時間的余裕がない場合】

☑ 離婚や相続税の支払いなどの理由ですぐにキャッシュが必要。

☑ 市場で他の物件より安く売出して早く買い手を見つけなければならない。

☑ 買主との交渉でも不利になりがち。

## 売却益の目減り

# 制度によるもの

## ■「税金」に関するアービトラージ

　不動産には買う時、保有しているとき、売るとき、さらには相続や贈与においても「税金」が関係します。そのため、不動産アービトラージにおいて税金は非常に重要な要素です。

　代表例が、相続税対策における時価と相続税評価額の乖離に注目したアービトラージです。

　今ではスタンダードな考え方になっていますが、私は業界でも早くから相続税対策は時価と相続税評価額の乖離を利用するものであると説いてきました。

　かつての相続税対策では、「貸家建付地」や「借家権」など教科書に書いてあるような制度上の評価減を利用することが主流でした。「貸家建付地」では、貸家が建っている土地の相続税評価額については自用地（自分が使っている建物が建っている場合）に比べて１割から３割ほど低くなります。また、「借家権」では、アパートや賃貸マンションなど貸家の相続税評価が自宅等に比べて３割低くなります。これらは相続税の申告において当たり前のことで、見落としていれば手続を行った税理士の責任が問われかねません。

　しかし、現場で実務に携わっていることうした制度上はっきりした

**図2-6** 「税金」に関するアービトラージの例①
〜時価に比べて相続税評価額が8割減のマンション

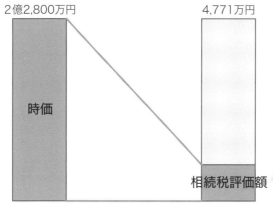

2億2,800万円　　　　　4,771万円

時価

相続税評価額

時価に比べて
相続税評価額
が8割減

＜物件概要＞

所在地：東京都目黒区

構　造：鉄筋コンクリート造4階建て

規　模：1R×12戸

投資額（時価）：228,000,000円

利回り：5.40％

＜ポイント＞

・時価と評価の乖離をついた相続対策。

・時価（投資額）は土地、建物合わせて228,000,000円。

・相続税評価額は次のとおり。

| | |
|---|---|
| 土地（路線価） | 44,000,000円（A） |
| 建物（固定資産税評価額） | 18,500,000円（B） |
| 合計 | 62,500,000円（時価に対して▲73％） |

・さらに相続税の制度上の評価減を加える。

| | |
|---|---|
| 土地（貸家建付地） | 34,760,000円（Aに対して▲21％） |
| 建物（貸家） | 12,950,000円（Bに対して▲30％） |
| 合計 | 47,710,000円（時価に対して▲79％） |

・結果的に時価2億2800万円が相続税評価額では4,771万円と79％減になり、仮
に相続税率が55％の場合、約9,920万円の相続税が軽減される。

節税効果より、時価と相続税評価額の乖離という個別具体的で微妙な部分においてはるかに大きな節税効果が生れているケースに出会います。

　たとえば、都心の土地は一般的に相続税評価の基準となる相続税路線価が時価（市場価格）よりかなり低いうえ、建物の相続税評価に用いられる固定資産税評価についても時価（市場価格）の半分以下ということが珍しくありません。「貸家建付地」や「借家権」による評価減も加えると、相続税評価額は時価の３分の１から４分の１にまで下がります。

　現金で３億円を相続すれば相続税評価額は３億円のままですが、それを都心の収益不動産に組み替えれば市場価格は３億円のまま相続税評価額が１億円以下になることもあるのです。それにともない税額も大幅に少なくなります。

## ■ 減価償却費に着目

　もうひとつ税金に関するアービトラージとして、減価償却を利用したケースを紹介しましょう。

　減価償却とは、事業で使用する建物や機械設備といった固定資産について、その取得費を取得した年に全額経費として計上するのではなく、固定資産の法定耐用年数にわたって分割して経費計上する税務上の仕組みです。法定耐用年数は固定資産の種類ごとに決まっており、そこにアービトラージのヒントがあります。

　私がかつてプロの資産家に提案したのがコンテナを活用した不動産投資です。コンテナは容器・金庫としての「器具・備品」と倉庫業用の「建物」に区分されます。「器具・備品」に該当するコンテナの法定耐用年数は図2-7のとおりです。

　こうした「器具・備品」のコンテナは耐用年数が最長７年と短く、減価償却のスピードに特徴があります。償却中は不動産所得が赤字に

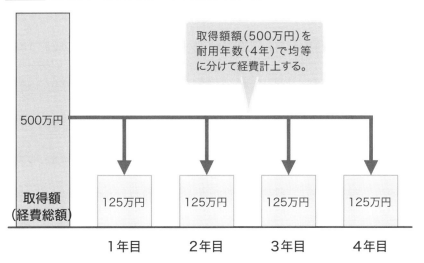

**図2-7** 減価償却の仕組み（イメージ）と耐用年数の例

取得額額（500万円）を
耐用年数（4年）で均等
に分けて経費計上する。

【耐用年数の例】

| | | | |
|---|---|---|---|
| 建物 | 木造 | 店舗用・住宅用 | 24年 |
| | 鉄筋コンクリート造 | 住宅用 | 47年 |
| | 金属造 | 店舗用・住宅用<br>（骨格材の肉厚が4mm 超） | 34年 |
| 車輛・運搬具 | 一般用のもの | 自動車（小型車） | 4年 |
| | 一般用以外 | 被牽引車その他のもの | 4年 |
| 器具・備品 | 容器、金庫 | 大型コンテナー（長さが6m以上） | 7年 |
| | | その他の物（金属製） | 3年 |

　なりやすく、損益通算で他の所得に対する税額を抑え、償却後には所得が低い親族や法人（資産管理会社）へコンテナを贈与または譲渡し、資産と収入を移転するのです。

　ただし最近、こうした倉庫用コンテナにおける不動産所得の申告において、税務当局から「器具・備品」としての扱いを否認されるケースが出てきています。

　国土交通省では以前から、倉庫として設置し継続的に使用するコン

テナはその形態および使用実態からは建築基準法に規定する建築物に該当するとして、設置にあたって建築確認申請を行うことを義務付けています。

　国税当局でも、建築基準法に基づく建築確認の申請をしているコンテナについては「器具・備品」ではなく「建物」としての耐用年数を適用すべきとして更正処分を行うようになっているようです。「税金に関するアービトラージ」にはこうしたグレーゾーンがある点には注意が必要です。

　なお、私は現在、コンテナにタイヤを付けて車両登録したトレーラーホテルへの投資をやってみています。これはコンテナではなく車両なので、法定耐用年数は4年から6年です。

## ■ 所得区分の変更によるアービトラージ

　もうひとつ、税金に関するアービトラージの例が、所得の区分を巡るものです。

　個人の所得にかかる所得税の税率は「累進税率」と呼ばれ、課税所得が増えるほど適用税率が上がっていきます。

　図2-9をみるとわかるように、課税所得のうち900万円を超えるあたりから適用税率が一気に高くなります。特に1,800万円を超える部分は40％、4,000万円を超える部分は45％の税率で、住民税の10％を加えると50％、あるいは55％の税率で課税されます。富裕層と呼ばれる方はだいたい、所得税と地方税においてこれくらいの税金を払っているはずです。

　所得税においてはもうひとつ、「総合課税」と「分離課税」という区分があります。所得税がかかる個人の所得は図2-10のように10に区分されており、基本はそれらを合計した課税所得に対して所定の税率で税金がかかります。これが「総合課税」です。

　ただ、一部については他の所得とは別に、単独で課税されるケース

**図2-8** 「税金」に関するアービトラージの例②
～コンテナにタイヤを付けて車輌登録したトレーラー

＜物件概要＞

所在地：茨城県水戸市

種　類：動産（車輌）

投資額：8,000,000円

利回り：7.50％

＜ポイント＞

・通常、鉄骨造でホテルを建てた場合、建物の法定耐用年数（減価償却年数）は34年。

・コンテナにホテルの設備を施し、車輪を取り付け車輌扱いとすれば、法定耐用年数（減価償却年数）は4年となり、8,000万円を投資した場合、年間の減価償却額は2,000万円。

・課税所得が4,000万円以上の人は所得税・住民税の合計で55％の税金がかかるが、年間2,000万円の減価償却費が使えれば1,100万円の節税が4年間できる。

・なお、5年目からは減価償却がなくなるため税金が増える。そこで、所得の低い親族などに償却後の価格で売却すれば所得移転ができる。

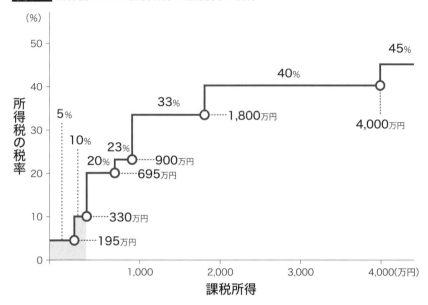

**図2-9** 所得税における課税所得と適用税率の関係

**図2-10** 所得税における所得区分

| 所得区分 | 内容 |
|---|---|
| 1．利子所得 | 預貯金や公社債の利子、合同運用信託の分配などの所得 |
| 2．配当所得 | 株の配当、投資信託や特定受益証券発行信託の分配などの所得 |
| 3．不動産所得 | 不動産や借地権、船舶や航空機の貸付などで得た所得 |
| 4．事業所得 | 農業や漁業、小売業やサービス業などの事業で得た所得 |
| 5．給与所得 | 給料や賞与など勤務先から得た所得 |
| 6．退職所得 | 退職手当や退職時の厚生年金基金の一時金などの所得 |
| 7．山林所得 | 山林伐採や立木の譲渡で得た所得 |
| 8．譲渡所得 | 土地や建物、会員権や有価証券などの譲渡で得た所得 |
| 9．一時所得 | 1～8に該当せず、営利を目的とする継続的な所得でない一時的な所得。懸賞の賞金、競輪や競馬の払戻金、生命保険の一時金などがある |
| 10．雑所得 | 1～9のいずれにもあてはまらない所得 |

があります。それが「分離課税」です。

「分離課税」で代表的なのが、土地や建物、株式などを売却（譲渡）した際の利益である譲渡所得です。こうした譲渡所得は総合課税の対象にはならず、それぞれ別の税率で課税されます。

土地や建物を売却（譲渡）したケースについては、所有期間が5年以下か5年超かによって税率がほぼ倍ほど変わります。ただし、所有期間は取得した時点から売却した時点ではなく、取得した時点から売却した年の1月1日時点までで判断するので注意が必要です。

ここで、年間課税所得（総合課税分）が5,000万円の人のケースを考えてみましょう。課税所得4,000万円超の部分は所得税と住民税で55％の税率で課税されています

この人が投資用不動産を購入し、不動産所得において毎年1,000万円の赤字が発生するとします。すると、課税所得（総合課税分）は4,000万円（5,000万円－1,000万円）となり、1,000万円×55％＝550万円だけ所得税が少なくなります。これを5年間続けると節税額の合計は2,750万円になります。

一方、不動産所得において毎年発生する1,000万円の赤字のうち、かなりの部分は建物や設備の減価償却費が占めます。減価償却費はキャッシュとしては出て行きませんが経費として計上されるもので、その分が手元に残ります。

5年後にこの投資用不動産を売却すると、購入時との差額（売却益）に加えて5年間の減価償却費の分の合計が「譲渡所得」となり、**図2-11**にあるようにで長期譲渡所得にあたれば20.315％の税率で課税されます。

以上の話をまとめると、不動産投資を行うことによって、総合課税によって住民税を含めて55％の税率で課税される所得が譲渡所得の分離課税になることで半分ほどの20.315％という税率で済むのです（厳密には減価償却費の額や諸経費によって実際の税額は変わってき

**図2-11** 所得税における課税所得と適用税率の関係

■短期譲渡所得：売却した年の1月1日現在で「所有期間5年以下」の場合

| 所得税 | 住民税 | 計 |
|---|---|---|
| 30.63% | 9% | 39.63% |

■長期譲渡所得：売却した年の1月1日現在で「所有期間5年超」の場合

| 所得税 | 住民税 | 計 |
|---|---|---|
| 15.315% | 5% | 20.315% |

※2037年までは所得税額に対して2.1%の割合で復興特別所得税がかかる。

ます）。

　なお、このやり方は個人の所得税だから可能であり、法人の場合（法人税）はほとんどメリットはありません。不動産投資を個人で行うか法人（資産管理会社）で行うかというのは大きな論点です。一般に金融機関からの借入れ拡大は法人のほうがスムーズですが、税金に関するアービトラージにおいては個人の方が有利だといえます。

## ■ 買主の税負担にも着目

　さらにもうひとつ、税金に関するアービトラージを挙げておきます。それは買主の税負担を巡るものです。

　一棟マンションやオフィスビル、老人ホームなど規模の大きな不動産については、法人が有力な買い手となります。また、法人の中でも税制上、優遇されているのがいわゆるリート法人です。

　リート法人とは、改正投信法（投資信託及び投資法人に関する法律）に基づいて設立された「不動産投資法人」のことです。

　このリート法人は株式会社とは仕組みがいろいろ違います。株式に当たる投資証券を発行し、投資証券を購入した投資家から預かった資

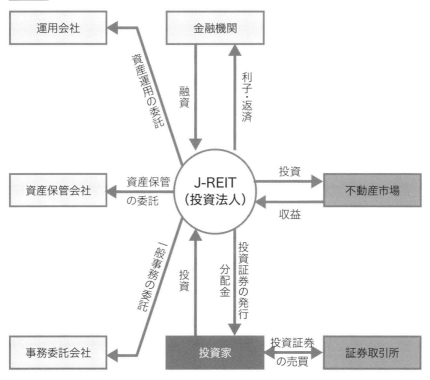

図2-12 J-REITの仕組み（イメージ）

金や金融機関からの借入（融資）を元にさまざまな不動産を購入し、その賃料収入や物件の売却で得られた収益を投資家に分配します。

　リート法人の最大の特徴は、収益の90％超を投資家に分配するなどの一定の条件を満たせば、実質的に法人税がかからないことです。逆にいうと、リート法人は法人税の負担がないのでその分、不動産を高く買うことができます。不動産の売主にとっては有力な買い手になりえるのです。

　ただし、リート法人は物件取得にあたってのチェックが非常に厳しく、リート法人に物件を売却する場合、テナント付きの物件であれば賃貸借契約の見直しなどを求められることもあります。

## ■ 当局よる規制強化には注意

　なお、先ほども触れましたが、こうした税金に関するアービトラージについては年々、税務当局による締め付けが厳しくなってきていることには注意が必要です。

　最近では、タワーマンションの上層階の住戸を使った「タワマン節税」を巡る動きがそうです。タワーマンションとは地上60mを超える超高層マンションで、同じ間取りや設備であっても高層階ほど市場価格は高くなります。

　一方、相続税の評価では一棟全体の評価額を各住戸の床面積に応じて按分するため、高層階でも下層階でも、住戸の床面積が同じであれば基本的に同じです。タワーマンションの上層階の住戸ほど、市場価格と相続税評価額の差が大きいのです。

　そもそも、マンションの相続税評価額は土地分と建物分の合計です。

　土地分については、土地全体の相続税評価額を各住戸の床面積の比率によって按分します。同じ面積の土地でも、一戸建ての敷地に比べると、マンションには多くの住戸があるので、一住戸あたりの敷地（土地）の面積は小さくなります。しかも、タワーマンションは低層マンションなどよりはるかに多くの住戸が一定の敷地に存在します。同じような立地でも、一戸建てや低層マンションより各住戸の土地分の評価額は下がります。

　建物分についても、マンション全体の相続税評価額を各住戸の床面積の比率によって按分します。このとき、各住戸の広さは別として、階数や向きは関係ありません。

　タワーマンションでは、下層階と上層階で販売価格や取引価格（単価）に数倍の差がつくこともあるのに、床面積が同じであれば相続税の評価額は同じなのです。

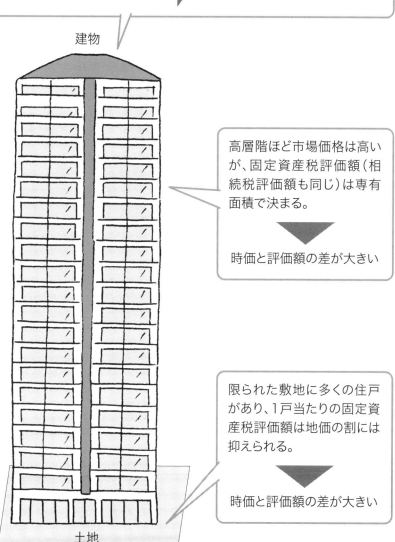

**図2-13** 「タワマン節税」の仕組み

そもそもタワーマンションは立地が良く、ステータス性もある。

中低層マンションより時価が高い

建物

高層階ほど市場価格は高いが、固定資産税評価額（相続税評価額も同じ）は専有面積で決まる。

時価と評価額の差が大きい

限られた敷地に多くの住戸があり、1戸当たりの固定資産税評価額は地価の割には抑えられる。

時価と評価額の差が大きい

土地

つまり、タワーマンションの上層階の住戸は、市場での取引価格と相続税評価額の差が大きく、相続税の節税効果が高いということになります。

　実際、2011（平成23）年からの3年間に売買されたタワーマンションの事例を国税庁がサンプル調査したところ、時価と相続税評価額との乖離率は平均3.04倍に達したそうです。同じ1億円でも、現金ならそのまま1億円が相続税の対象となりますが、時価1億円のタワーマンションなら3分の1の3,300万円ほどですみます。どちらが有利かは明らかでしょう。

　これを問題視した国では2017（平成29）年度の税制改正でタワマンの固定資産税の評価法を変更しました。地上60mを超える居住用超高層建築物については、一棟全体の固定資産税を各住戸の床面積に応じて按分する際、一定の補正率を掛けることになったのです。

　具体的には、中間の階を基準に、1階高くなる毎に0.256％ずつ固定資産税が上がり、1階低くなる毎に0.256％ずつ固定資産税が安くなります。たとえば45階建てのタワーマンションであれば、中間の23階の固定資産税は以前と同じですが、最上階は約5.3％高く、1階は約5.3％安くなります。

## ■ さらなる「タワマン節税」への逆風

　相続税における「タワマン節税」そのものへの規制強化も進んでいます。まず、個別ケースでの締め付けが厳しくなりました。

　たとえば、東京都内のタワーマンション（30階部分）を約3億円で購入し、相続が発生したので、国税庁の「財産評価基本通達」どおりに相続税評価額を計算し、約5,800万円として申告したケースがありました。

　しかし、タワーマンションを亡くなった人（被相続）が購入したのは亡くなるわずか1か月前であり、しかも相続人は相続税の申告期限

（10か月）を過ぎるとすぐに売却していたのです。このケースでは、「総則6項」が適用され、原則どおりに約5,800万円として評価するのではなく、購入価格の約3億円を評価額として、相続税の追徴と延滞税等の支払いが命じられました。

「総則6項」とは国税庁の内規である「財産評価基本通達」第1章総則6項の略称で、本来の財産評価のルールによって評価することが"著しく不適当"と認められる財産の評価は国税庁長官の指示を受けて評価するというものです。

2022年4月に出されたタワマン節税に関する最高裁判決のケースも同じです。

市場価格が13億9,000万円のタワマンについて、相続人は国税庁の財産評価ルールに従って相続税評価額を3億3,000万円とし、ローン（負債）等を差し引き相続税は0円で申告しました。ところが国税庁はこれ認めず、「総則6項」を使って不動産鑑定士によって相続税評価額を12億7,000万円とし、追徴課税を合わせて約3億3,000万円の支払いを求めました。これを最高裁も認めたのです。

このケースでは、被相続人（亡くなった人）が91歳のときに10億円以上のローンを借りてタワマンを購入していたこと、融資した銀行内の稟議書に「相続税対策として不動産を購入」との記載があった点などが判断材料になったといわれます。

さらにいま、相続税における「タワマン節税」に対して制度そのものを見直す動きが進んでいます。

2022年12月に決定された2023年度の与党税制改正大綱では、制度的にタワマン節税を封じる方向性が明記されました。これを受けて国税庁は2023年1月、マンションの相続税評価の算定ルールを議論する有識者会議を設立しました。そして、有識者会議での議論を経て国税庁は6月末、市場価格に基づいてマンションの相続税評価額を引き上げる新たな算定ルールを決定したのです。

新たな算定ルールでは、相続するマンションの築年数、総階数、所在階、敷地持ち分の４項目について指数化し、通常の計算方法による相続税評価額と市場価格との乖離率を1.7倍になるよう相続税評価額のほうを補正することになります。

　これは、国税庁の調査で相続税評価額が実勢価格の平均６割となった戸建てとそろえるのが狙いです。結果的に、マンションで実勢価格の平均４割程度にとどまっている相続評価額が平均６割以上に引き上げられるのです。

　新たな算定ルールは、2024年１月から適用されました。

## ■ 海外不動産を使った節税策にも網

　なお、同じようないたちごっこはこれまで何度も見られました。海外不動産を使った節税策もそうです。

　10年ほど前から富裕層の間で人気が高まっていたのが、アメリカを中心とした海外不動産への投資です。

　海外不動産の魅力は、なんといっても建物の減価償却費が大きいことです。

　海外では木造で築30年、40年を超える物件であっても市場での取引価格は新築時と比べてそれほど下がりません。立地や眺望によってはむしろ、値上がりすることもあります。海外では立地や眺望などで賃料が決まり、賃料収入をもとにした収益還元法で取引価格が決まるからです。

　そして、取引価格に占める建物分の割合は５割以上、場合によっては７〜８割になることもあります。木造では築20年を超えると建物の市場価値がほとんどなくなる日本とは大違いです。

　日本国内に居住する個人がこうした海外不動産を購入し、賃貸事業を行う場合、不動産所得の計算においては、国内の不動産と同じ計算方法（中古での簡便法）が適用されます。そのため、耐用年数が22

図 2-14 マンションの相続税評価額と市場価格の乖離の推移

（乖離率：倍）

乖離率＝市場価格÷評価額

1.75 1.94 2.00 2.30 2.40 2.34

2013年　2014年　2015年　2016年　2017年　2018年

図 2-15 マンションにおける相続税評価額の評価方法の見直しイメージ

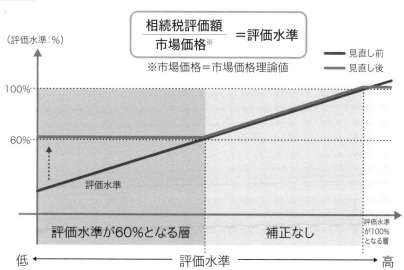

（評価水準：%）

相続税評価額 ／ 市場価格※ ＝評価水準

※市場価格＝市場価格理論値

見直し前
見直し後

評価水準が60%となる層　補正なし　評価水準が100%となる層

低 ←　評価水準　→ 高

年の木造であれば、耐用年数を超えるとわずか4年で償却できることになります。

　つまり、海外の中古不動産を取得して賃貸に回しておけば、賃料収入を上回る減価償却費を短期間に計上し、不動産所得の赤字分を給与所得などと損益通算することによって所得税額を抑えられたわけです。

　しかし、これが行き過ぎた節税対策であるとして問題視され、所得税法の規定が改正されました。2021年以降、海外の中古不動産から生じる不動産所得の計算上、損失（赤字）があるときは、その損失（赤字）のうち建物の減価償却費に相当する部分はなかったものとされることになったのです。

　たとえば、築25年の海外不動産（木造）を1億円（建物8,000万円、土地2,000万円）で購入した場合、簡便法により建物の耐用年数は4年なので、従来は毎年8,000万円÷4年＝2,000万円ずつ減価償却費を計上できました。年間の賃料収入が800万円だとすると、不動産所得は1,200万円の赤字となり、これを給与所得などと損益通算して所得税・住民税を軽減できたわけです。しかし、いまは減価償却費がいっさい計上できません。

　なお、経費として認められなかった減価償却費は、その物件を売却する際、譲渡所得の計算で処理されます。通常、譲渡所得の計算において、物件の取得費から減価償却費が控除されるところ、減価償却費がそのまま取得費に含まれ譲渡所得が圧縮されます。

　先ほどの課税区分の違い（不動産所得と譲渡所得）によるアービトラージの話につなげていうと、税率の差を利用できる範囲が大幅に縮小されたのです。

**図2-16** 海外不動産による相続税対策の仕組み

※海外で築22年の木造戸建てを1億円（建物8,000万円・土地2,000万円）で購入
し、6年目に同じ1億円で売却した場合。

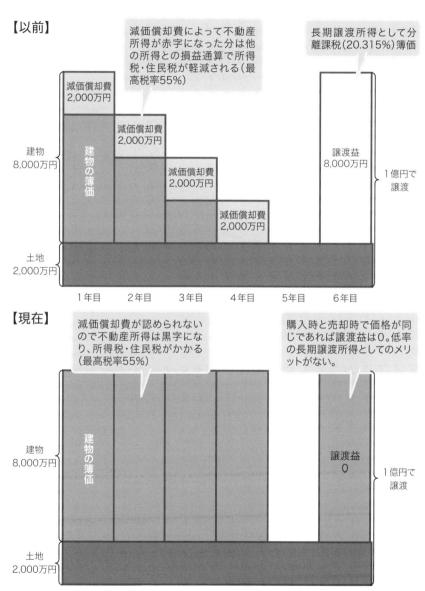

【以前】

減価償却費によって不動産
所得が赤字になった分は他
の所得との損益通算で所得
税・住民税が軽減される（最
高税率55%）

長期譲渡所得として分
離課税（20.315%）簿価

建物
8,000万円

建物の簿価

減価償却費
2,000万円

減価償却費
2,000万円

減価償却費
2,000万円

減価償却費
2,000万円

譲渡益
8,000万円

1億円で
譲渡

土地
2,000万円

1年目　2年目　3年目　4年目　5年目　6年目

【現在】

減価償却費が認められない
ので不動産所得は黒字にな
り、所得税・住民税がかかる
（最高税率55%）

購入時と売却時で価格が同
じであれば譲渡益は0。低率
の長期譲渡所得としてのメリ
ットがない。

建物
8,000万円

建物の簿価

譲渡益
0

1億円で
譲渡

土地
2,000万円

# ■「法律」に関するアービトラージ

「制度によるもの」としては法律に関するアービトラージもあります。

典型的なのが「借地」です。借地とは一般に、建物を建てるために地代を払って他人（地主）から土地を借りることです。その際に成立する権利を「借地権」といいます。借地においては、土地（更地）の所有権が借地権と底地権に分解されていると考えられます。

さらに借地権には「地上権」と「賃借権」の2つがあります。地上権は建物の売却や転貸が自由にできる強力な権利です（専門的には物権といいます）。一方、賃借権は第三者に建物を売却する時に地主の承諾が必要といった制約があります（専門的には債権といいます）。

借地権でよく見られるのは賃借権のほうです。賃借権は地上権に比べると借地人の権利はやや弱いのですが、建物が建っている借地については「借地借家法」という大正時代にできた民法の特例法があります。これまで、借地人の生活を守るということでこの法律が何度か改正され、借地人の権利が非常に強くなってきました（賃借権の物権化）。

その結果、いまでは借地人の利用権（賃借権）のほうが地主の権利（底地権）より市場での評価が高くなっているのです。これは法律の改定により評価が変わり価値の移転が行われたと考えられます。

ここで重要なのは、実際の市場における取引価格の関係は、【底地権の価格＋借地権の価格＝更地価格】ではないということです。ある借地について、地主の持つ底地権の市場価格と借地人が持つ借地権の市場価格を合計しても、通常の更地の価格にはなりません。普通住宅地の場合でいうと、底地はせいぜい更地価格の15％、借地は更地価格の40％程度です。合計しても更地価格の半分くらいにしかなりません。

**図2-17** 借地権における「地上権」と「賃借権」の違い

|  | 地上権 | 賃借権 |
|---|---|---|
| 権利の性質 | 物権<br>（自由に土地を利用できる） | 債権<br>（契約の範囲で土地を利用できる） |
| 土地の譲渡、建物の建て替えなど | 地主の承諾は必要ない | 地主の承諾が必要 |
| 登記 | 登記される<br>（地主に登記協力義務がある） | 通常はされない<br>（地主に登記協力義務はない） |
| 第三者への対抗 | 土地への登記で対抗できる | 建物の登記で対抗できる |
| 抵当権 | 設定できる | 設定できない（建物には設定可） |
| 存続期間 | 基本的に当事者の合意に基づく | 法律で定められているが、地主に正当事由がない限り更新される |

　なぜなら、それぞれ単独で購入しても収益性が低かったり、建て替えがしにくかったりするためです。逆に言うと、地主が借地人から借地権を購入したり、借地人が地主から底地権を購入して、普通の所有権の土地（更地）にすることができれば、土地の市場価値は一気に跳ね上がります。

　なお、実際には借地人と地主はこれまでの経緯から感情的に関係が悪化していることが少なくありません。そのためなかなか権利をとりまとめることができません。そこで、借地または底地を第三者が割安に購入し、相手（借地人または地主）と冷静に交渉することでうまくいくこともあります。

　これなどまさに土地の権利関係という法律に関するアービトラージです。

## ■「政策」に関するアービトラージ

次に政策に関するアービトラージです。

ここでいう政策とは、法律をベースにしている点で先ほどの「法律」に関するアービトラージの派生型といえますが、より現場での個別具体的な扱いによる面が大きいので政策に関するアービトラージとしています。

一例が公共用地の買収（収用）です。収用では、私有地を道路や公共施設などのために強制的に買い上げることから、一般の市場価格より高めの価格が提示され、売却益については税金の優遇も受けられます。

その結果、単なる空き地や農地が完成宅地並みの価格で売却できることもあります。たまたま所有していた山や農地に高速道路が通ったため、一夜にして大金持ちになったというケースなどがそうです。

こうした価格の歪みも一種の不動産アービトラージということができます。

## ■ 市街化調整区域でも建物が建てられるケース

もうひとつ「政策」に関するアービトラージの例が、市街化調整区域における開発行為の適用除外です。

市街化調整区域にある土地は原則として造成したり、そこに建物を建てたりすることができません。しかし、市街化調整区域に農地などを所有する農家の親族が家を建てる場合などは、その地域の農業委員会に申請するなど一定の手続を経て、建てることができます。また、病院や高齢者向け施設なども市街化調整区域に建物を建てられることがあります。

市街化調整区域の土地は建物が建てられないのでほとんど価格が付きませんが、一定の政策的配慮によって建物が建てられる宅地となれば資産価値が大きくアップするのです。

**図2-18** 都市計画法による土地の区域区分

## 都市計画区域

### 市街化区域

※優先的に
市街化する区域

### 市街化調整区域

※市街化を
抑制する区域

### 非線引都市計画区域

※都市計画区域内で「市街化区域および
市街化調整区域」以外の区域

### 準都市計画区域

※都市計画区域に
準ずる区域

### 都市計画区域外

※いずれにも
属さない区域

# 活用法によるもの

## ■「最有効使用」によるアービトラージ

　第3のパターンは「活用法によるもの」です。

　不動産鑑定士が行う不動産鑑定においては、それぞれの土地が最有効使用されている前提で評価されます。ところが実際の不動産はほとんど最有効使用の形で利用されていません。そこに価格の歪みがあり、不動産アービトラージが成立するのです。

　私がコンサルティングした中に次のようなケースがありました。ある資産家が将来の相続に備えて納税資金を確保するため、所有する宅地の一部を400坪売却しようということで、地元の建売業者にあたりました。複数の建売業者が提示した買収価格はおおむね坪60万円程度でした。ところがこの話を聞きつけたマンションデベロッパーから坪110万円で買いたいという申し出があったのです。ただし、マンションデベロッパーは土地面積が最低500坪以上でなければ事業規模に乗らないということで、400坪だけであれば購入は難しいということでした。

　そこでこの資産家は、私のアドバイスもあって隣地の100坪の駐車場用地をくっつけて合計500坪で売却することにしたのです。結果的に、100坪の違いによって売却価格の単価が倍ほどになりました。

**図2-19**「最有効使用」によるアービトラージの例①
〜売却面積を増やすことで用途が変わり単価が倍ほどに〜

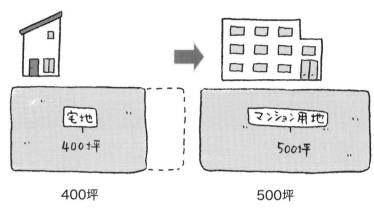

400坪 　　　　　　　　　　　500坪

＜物件概要＞

所在地：千葉県習志野市

土地面積：400坪　→　500坪

＜ポイント＞

・もともと400坪の宅地を戸建て分譲用地として売却することを検討。複数の分譲業者に当たったところ坪60万円程度の返答だった。

・ところが、マンションデベロッパーから500坪ならマンション用地として坪110万円で買いたいという申し出があった。

・そこで隣接する駐車場用地100坪を加えてマンションデベロッパーに売却した。

・同じ立地でも広さ（面積）によって最有効利用の用途が変わり、それによって土地の単価が倍ほどになった。

なぜこうしたことが起こるかといえば、400坪以下の広さであれば
その土地の最有効使用は戸建て分譲用地であり、その場合は道路など
の減歩により土地価格が下がってしまいます。一方、500坪以上の広
さであればマンション事業用地となり、開発利益が大幅にアップし、
土地の価値が増大するのです。

## ■ 都心の狭小地の最有効使用とは？

　逆にいうと、土地の最高有効使用を間違えると資産価値を落とすこ
とになります。実際にはそのことに気づいていないケースが少なくあ
りません。

　たとえば、都心の繁華街にある狭小地に建物を建てる場合、容積率
いっぱいにペンシルベルを企画するのが一般的だと思います。

　しかし、私は以前、渋谷にある20坪の土地でシミュレーションし
てみたことがあります。ひとつは容積率いっぱいの8階建て鉄筋コン
クリート（RC）造のペンシルビルを建てるプラン。もうひとつは鉄
骨造の3階建てのビルを建てるプランです。

　結果は、利益額およびNOI（Net Operation Income）利回りとも
鉄骨造の3階建てのほうが有利ということになりました。

　ペンシルビルは共用部分の面積が多く、賃料がとれる有効床面積が
小さくなって管理コストも割高なため採算性が悪化するのです。一
方、3階建ての鉄骨造は延べ床面積こそ狭くなりますが、共用部分が
少ないので有効面積の割合が多く、建築コストも抑えられるため採算
性が良くなるのです。

　利回りが高いほうが収益還元法によれば想定価格が高くなり、トー
タルでより多くのリターンを得ることができます。

　もちろんどのような用途、テナントが最有効利用かは立地や階数、
広さなどさまざまな条件が影響します。とはいえ、「何がなんでも容
積率を目いっぱい消化するほうがよい」という不動産業界の常識は

**図2-20** 「最有効使用」によるアービトラージの例②
〜戸建て用地を一棟マンション用地に転換〜

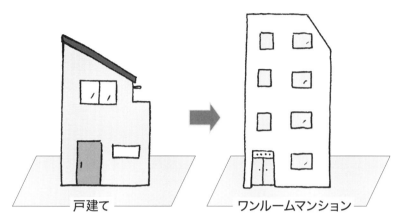

＜物件概要＞

所在地：東京都大田区

構造・規模：鉄筋コンクリート造4階建て

住戸：１Ｒ×11戸

投資額：170,000,000円

利回り：6.50％

＜ポイント＞

・間口が5.5mしかない鰻の寝床状の狭小地（30坪）。

・通常は戸建て住宅が1棟しか建たない。

・周辺の土地相場は坪200万円ほどだが、使いにくいので戸建て用地として坪180万円で販売されていた。

・この土地に何とかプランを工夫し、ワンルームマンション（11戸）を設計した。

・土地を購入し、ワンルームマンションを建て入居者を付けると、利回りが6.5%になった。

・この土地の最有効使用は戸建て用地ではなくワンルームマンション用地だった。

疑ってかかったほうがいいと思います。このような活用法のミスマッチによるアービトラージはその気になれば誰にでも見つけられるのではないでしょうか。

## ■「鑑定手法」によるアービトラージ

　何度か触れていますが、不動産鑑定士が行う鑑定では基本的に「原価法（積算価格）」「取引事例比較法（比準価格）」「収益還元法（収益価格）」という3つの鑑定手法があり、実際には対象となる不動産の特性などに応じてこれらを組み合わせて行っています。

　3つの鑑定手法にはそれぞれ特徴があり、実際の取引においてどの鑑定手法で見るかによってかなり差が出ます。それをアービトラージとして利用することができます。

　ある不動産会社は、次のようなビジネスモデルを考案して金融機関から低利の資金調達を行い、事業の拡大に成功しました。

　まず、売りに出た賃貸中の分譲マンションについて、賃料をベースにした「収益還元法」で査定し、売主と交渉して購入します。購入後、入居者がいる間はそのまま賃料収入を得ます。そして、入居者が退出したところでリフォームを行い、マイホームとして購入したい個人向けに「取引事例法」で算定した価格設定で販売するのです。

　分譲マンションは一般的に賃貸マンションより内装や設備のグレードが高く、市場価格も高くなりがちです。一方、賃料はエリアごとの相場があり、分譲マンションでも賃貸マンションでもそれほど差はつきません。つまり、分譲マンションを「収益還元法」で査定すると市場価格より低くなる傾向があり、「取引事例法」で査定するとそれより高くなるのです。

　ただ、このビジネスモデルを見て追随する業者が増えたため仕入れ競争が激しくなり、収益価格と比準価格との差は縮まっていきました。これはアービトラージの宿命です。

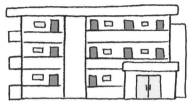

図2-21 「鑑定手法」によるアービトラージの例
〜収益還元価格と積算価格の違いに着目〜

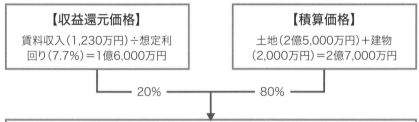

**【収益還元価格】**
賃料収入(1,230万円)÷想定利回り(7.7%)＝1億6,000万円

**【積算価格】**
土地(2億5,000万円)＋建物(2,000万円)＝2億7,000万円

20%　　　　　80%

**【按分した価格】**
収益還元価格(3,200万円)＋積算価格(2億1,600万円)＝2億4,800万円

＜物件概要＞

所在地：東京都国立市

構造・規模：鉄筋コンクリート造3階建て

住　戸：2DK×12戸

投資額：160,000,000円

利回り：7.70%

＜ポイント＞

・築42年だが土地が190坪あった。バス便だが路線価は㎡当たり130万円ぐらい。土地の評価だけで2億5,000万円になる。

・これを1億6,000万円で購入。収益不動産ということで利回り7.70%で査定されていた（年間賃料1,230万円）。

・不動産業者（仲介業者）の中には、築古の収益不動産ならばなんでもかんでも8％が目安という発想がある。

・こうした築古で土地面積の広い物件は、たとえば積算価格80％、収益還元価格20％などと按分して値決めするのが本来は合理的である。

# ■ 開発法により高値評価になったケース

　同じようなケースをもうひとつ紹介しておきます。

　ある一棟ものの賃貸マンションがありました。収益還元法による収益価格では約6億円です。ところが、これを入居者の退去と解体を条件に約9億円で購入したいというデベロッパーが現れました。聞くと、近隣の土地を合わせて買収し、分譲マンションを建てる予定だというのです。事業計画を立て、収支から逆算して賃貸マンションの買収価格を決めていたのです。

　不動産鑑定の鑑定手法には主に「原価法」「取引事例比較法」「収益還元法」の3つがあると言ってきました。そのほか土地の面積が近隣の標準的な土地に比べて広い場合に用いる「開発法」という鑑定手法もあります。その土地にマンションや分譲住宅を建てて販売したらどれくらい儲かるかという視点で考えるものです。このデベロッパーは開発法で計算し、また他社から横取りされないよう確実に購入するため高めの金額を提示してきたのです。

　これも収益還元法と開発法という鑑定評価の違いであるといえます。投資家としても不動産鑑定の鑑定手法の違いを理解しておき、同じ物件に対して常に複数の視点（鑑定手法）でチェックするという習慣を身に付けておけば、価格の歪みに気づきやすくなるはずです。

## 図2-22 「鑑定手法」によるアービトラージの例
～小規模でも開発利益を生み出した1棟マンション～

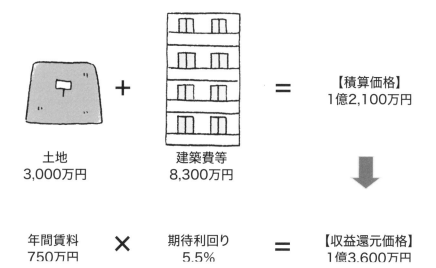

土地
3,000万円
＋
建築費等
8,300万円
＝
【積算価格】
1億2,100万円

年間賃料
750万円
✕
期待利回り
5.5%
＝
【収益還元価格】
1億3,600万円

＜物件概要＞

所在地：東京都足立区

構造・規模：鉄筋コンクリート造4階建て

住　戸：1R×8戸

投資額：121,000,000円

利回り：6.20%

＜ポイント＞

・筆者が試しに開発を手掛けてみたケース。

・3,000万円で割安な狭小地を購入。そこに8,300万円でワンルームマンション8戸を建築。諸経費800万円を含めて1億2,100万円が積算価格。

・ここに入居付けをすれば収益還元法で価格が決定される。期待利回りを5.5%とし、年間750万円の賃料収入をもとに計算すると、1億3,600万円となった。

・実際の手間はさほどでもない。設計事務所にプランをつくってもらい、建築会社に建ててもらった。あと銀行から資金調達するだけ。

・個人投資家でもこのくらいの開発はさほど難しくないと思う。

# ■「小口化」によるアービトラージ

「活用法によるもの」の最後は、小口化によって価値を高めるアービトラージです。

この応用例はすでに「時間貸し駐車場」「トランクルーム」「サービスオフィス」「シェアハウス」「リゾートマンションのタイムシェア」などたくさんあります。いずれも時間や面積を小さく分割し、単価を上げています。

月貸駐車場の場合、借り手は周辺に自宅がある個人や事業所のある法人に限られます。それに対して時間貸し駐車場は、近くに車で来て短時間だけ停車したいという人たちがターゲットで、一気に利用者が広がります。また、単価が高いといっても10分単位、15分単位の料金設定なのでそれほど気になりません。駐車違反で罰金を払うよりはるかに安上がりです。

このように小口化によって単価を上げ、ターゲットを広げることもアービトラージの一種です。

ただし、小口化するには一定の設備やオペレーションが必要になってきます。特にオペレーションが効率的にできなければコスト倒れになってしまい、逆に利回りを下げることもあります。そのため通常、小口化によるアービトラージにはある程度の事業規模と運営能力が必要になります。

**図2-23** 「小口化」によるアービトラージの例
　　　　〜面積を抑えて実現した新築5万円台からのアパート〜

| 【通常のワンルーム】 |
| --- |
| 面積：25㎡ |
| 戸数：7戸 |
| 家賃：月10万円 |
| 年間賃料：840万円 |
| 購入費：1億3,500万円 |
| 利回り：6.2% |

→

| 【極小ワンルーム】 |
| --- |
| 面積：13㎡ |
| 戸数：14戸 |
| 家賃：月6万1,000円 |
| 年間賃料：1,036万円 |
| 購入費：1億5,000万円 |
| 利回り：**6.9%** |

＜物件概要＞

所在地：東京都葛飾区

構造・規模：木造3階建て

住戸：1K×14戸

投資額：150,000,000円

利回り：6.90%

＜ポイント＞

・面積を抑えてその分、家賃も抑えた新築アパートを建築。

・ワンルームマンションの多くは25㎡なのに対し、この物件は約半分の13㎡。
　その分、多く住戸をつくれる。

・25㎡なら家賃が10万円以上になるところ6万1,000円で貸し出している。都内
　で6万円台から住める新築アパートは珍しい。

・しかも、面積は狭いが耐火木造で遮音性、気密性が高くフル装備。

・入居付けは楽で退室後もすぐ埋まる競争力のある物件となった。入居者、投資
　家、販売業者とも win-win-win が実現した。

# マネジメントに
# よるもの

## ■ 不動産投資のマネジメントを丸投げしてはいけない

　今回、不動産アービトラージのパターンとして新しく追加したひとつが「マネジメントによるもの」です。

　不動産投資におけるマネジメントというと、一般的には建物の清掃やメンテナンス、修繕などハード面と、入居者の募集や契約、トラブル対応などソフト面があります。投資家自らそうした業務を行うのは面倒ですし、専門的な知識も乏しいことから、専門の不動産会社などに丸ごと任せるという説明がよくされます。その延長線上にあるのが、空室リスクを避けるという触れ込みの「一括借上げ」や「サブリース」です。

　しかし、私に言わせれば「一括借上げ」や「サブリース」は、みすみす不動産投資による収益を外部に流出させるだけの結果に終わることが多く、アービトラージとは正反対のやり方です。専門の不動産会社にマネジメントを丸ごと任せるのも、アービトラージのチャンスを自ら放棄することになりかねず、お勧めしません。

　もちろん、入居者との細かいやり取りなどは管理会社に任せておけばよく（一般的に毎月賃料の5％程度のコストで済みます）、投資家としては投資リターンを改善するため大所高所からマネジメントの

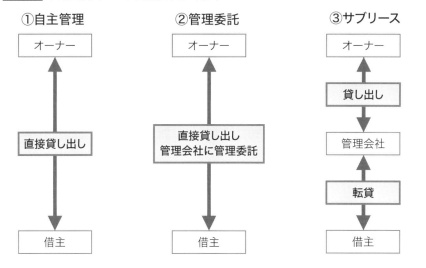

**図2-24** 不動産投資における物件管理の方法

①自主管理

オーナー
↕
直接貸し出し
↕
借主

②管理委託

オーナー
↕
直接貸し出し
管理会社に管理委託
↕
借主

③サブリース

オーナー
↕
貸し出し
↕
管理会社
↕
転貸
↕
借主

ハード面、ソフト面をコントロールすることが大事です。

## ■「アセットマネジメント」によるアービトラージ

　まず「アセットマネジメント」です。アセットとは「資産」のことで、具体的には投資対象の土地や建物など複数ある物件全体を指します。自分が保有している物件全体を一定の基準で棚卸し、優良なものはそのまま保有し、リターンが低いものは売却して組み換えていくというのが、アセットマネジメントによるアービトラージの基本です。

　そのためのツールとして私が利用しているのが「ROA分析」という手法です。

　ROAとは「リターン・オン・アセット」の略で、日本語で「総資産利益率」、あるいは「総資本利益率」と訳されています。【自己資本＋負債（他人資本）＝総資産】に対し、どれだけ利益を生み出しているかという指標です。

$$ROA(\%) = \frac{事業利益(円)}{総資産(円)}$$

☑ リターンの源泉となる事業利益を用いて計算する。

☑ 「収益性」についての代表的な指標。

☑ 改善するには、経費を圧縮して事業利益を増やしたり、借入金を返済して負債及び総資産を減らす。

　個人にしろ企業にしろ、総資産に対する指標ですから、ROAの数値は一つしかありませんが、私の「ROA分析」では所有する物件別にROAを計算し、個別に収益性を判断します。そして、ROAが低いものを売却し、高いものに組み換えるというように使うのです。

　地主系の資産家のみなさんの中には土地の価値を無視し、建築費に対する利回りを前提に所有する土地にアパート等を建てたりしますが、それでは土地の価値が考慮されておらず、本来より低い収益性で納得してしまいがちです。【土地価格＋建築費】に対して、ROAが最も高くなる活用方法が「最有効使用」という考え方なのです。

　個別にROAを出すというのは、借地であろうが、駐車場であろうが、アパートであろうが、同列に並べて比較できるので、物件の種別を問わず所有不動産の優劣を判定するのに便利です。

　「広い自宅をそのままにしていても全体のROAが低くなるだけなので、自宅敷地の半分に賃貸マンションを建てよう」とか、「ここの駐

車場はROAが低いし、アパート用地には不向きなので売却して、人気エリアで立地の良い場所にある区分マンションを購入しよう」というような判断をする材料になります。

また、ROAシミュレーションといって、資産の組み換えについてさまざまなパターンを想定し、最もROAが改善する方法を探るといった使い方もできます。

さらに、対策前と対策後におけるROAを比較することによって、効果が数値で見えるので便利です。なんとなく勘で不動産投資を行うのではなく、数値で客観的に判断する習慣を身につけるのに大変優れたツールです。

ただし、「ROA分析」は資産の組み換えのように資産総額があまり変わらないときには有効ですが、万能というわけではありません。ROAの計算では分母が総資産であり、総資産を小さくすることによってROAの数値を高めることも可能だからです。ROAが高くなったとしても、利益の絶対額が小さくなっては意味がありません。

また、不動産投資の観点からいうと、市場においてROAが低い物件は将来価値が高いと判断され、価格が高くても欲しい投資家が多いということがいえます。現に銀座の不動産などはROAが3％台ですが希少性があり、将来もっと上がる可能性があるので、低いROAでも積極的に取引されています。

逆にROAの高い地方物件や築年数が古い物件などは、将来価値が低いと判断されているので、ROAが高くなければ取引されないのです。

# ■ PPM 分析で不動産ポートフォリオを見直す

アセットマネジメントによるアービトラージのツールとして、もうひとつご紹介しておきたいのが「PPM分析」です。PPMとは「プロダクト・ポートフォリオ・マネジメント」の略で、もともとは経営戦略やマーケティングで用いられるフレームワークです。

「PPM分析」では、複数の事業や商品をそれぞれの市場成長率と市場シェアの2つの軸を使って分類し、どの事業・商品を優先するか、組み替えていくかを判断する参考にします。

私はこれを不動産投資向けにアレンジし、**図2-26**のように使っています。まず、所有している不動産を利回り（インカムゲイン）と将来価値（キャピタルゲイン）の2軸で4つのタイプに分類します。

利回りが高く将来価値も高い物件はまさに「お宝」です。これに対し、将来価値はそれほど増えそうにないけれど安定した利回りを確保できる物件は「金（かね）のなる木」です。一方、利回りは低いものの将来価値が大きく伸びそうな物件は、中長期的に値上り益を狙う「成長株」といえます。そして、利回りが低く将来価値も期待できない物件は、手を出してはいけない「負け犬」です。

こうした分類をしたうえで、「負け犬」物件はさっさと処分し、「金のなる木」あるいは「成長株」に組み換えていきます。また、現在は「金のなる木」であっても、やがて老朽化や地域の衰退によりジリ貧になりそうな物件は、早めに「成長株」に移し変えるといった判断に使えます。

なお、「お宝」物件はそうめったにありませんが、アービトラージがヒントになるでしょう。

ポートフォリオを見直し、今後どのようなものに投資すべきか考えるツールとして「PPM分析」を使ってみるとよいでしょう。

**図2-26** PPM分析と不動産投資への応用例

## 【PPM分析】

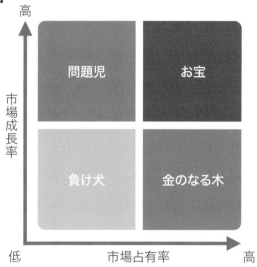

## 【不動産投資への応用例】

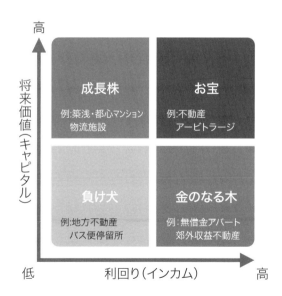

# ■ アセットマネジメントで重要な出口戦略

投資にはかならず出口があります。出口とは投資した資産を売却し、キャッシュに戻すということです。資産の組み換えというアセットマネジメントでは、この出口戦略も非常に重要です。

出口で重要なことは、どのような買い手を想定するかです。希望する価格で買い手が見つからなければ、その投資は失敗に終わる可能性が高くなります。不動産投資でもそれは同じで、一般的には5〜10年後に出口を設定します。5〜10年後に誰が、いくらで、どのように買ってくれるのかを想定してみてください。

不動産投資ではローン（融資）を利用してレバレッジを掛けるのが大前提であり、出口における買い手もローン（融資）を利用するはずです。そのため、物件がローンを利用しやすいかどうか、特に返済期間や金利がどの程度かによって、買い手の人数が大きく違ってきます。

もし、ローンが利用しにくい物件、返済期間は短く、金利も高くなる物件であれば、買い手は少なくなり当然、価格も下げなければならないでしょう。

もちろん、出口においては建売業者やマンションデベロッパーを想定するという選択もあります。その場合はさほどローンの付きやすさを気にする必要はないでしょう。

投資の結果は最終的には出口にいたって初めて確認できるものであり、そういう意味ではアセットマネジメントにおいては、買い手の想定を忘れてはなりません。

## ■ バルク売りという出口戦略

出口戦略では次のようなケースもあります。

不動産の世界では「バルク売り」という取引方法があります。これは複数の物件をまとめて売却するもので、買い手になるのは資金力のある投資ファンドやリート（不動産投資信託）が一般的です。

私がサポートした中にも、世界最大級の投資ファンドに10棟をまとめて約100億円で売却したケースがあります。

売り手とすると、立地や築年数などでやや条件の劣る物件も他の物件とセットにすることで売りやすくなります。買い手にとっても、個別に1件ずつ取引するより時間や手間を省くことができます。ある意味、win-win の関係が成立するのです。

バルク売りの対象となる物件は基本的に好立地で一定規模以上のオフィスビルや賃貸マンションで、入居者やテナントのチェックなども厳しくなります。そうした物件を複数所有しているということが一種のアービトラージになるのです。

## ■ 外部成長戦略と内部成長戦略

なお、保有する物件の築年数や不動産市場の状況を踏まえて一部の資産を売却し、その資金と新たな借入（レバレッジ）で新たな資産を取得することも考えられます。こうした資産の入れ替えによる純資産の拡大をアセットマネジメントでは「外部成長戦略」と呼びます。

その一方、保有する物件について募集条件を柔軟にしたり、入居者の入れ替え時や契約更新時に賃料の引上げを行うことでリターンを改善することを「内部成長戦略」と呼びます。

いずれもリートや不動産投資ファンドが採用しているやり方で、個人投資家もぜひ参考にしましょう（図2-27）。

**図2-27** リートや不動産ファンドの戦略を参考にした資産価値の安定的成長サイクル

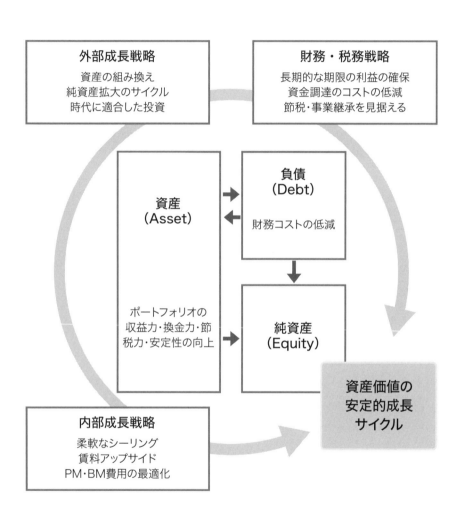

## ■「プロパティマネジメント」によるアービトラージ

アセットマネジメントが保有する資産全体の構成を最適化するものであるのに対し、プロパティマネジメントは個別物件の収益性を最大化させるための取り組みのことです。

具体的には、入居者やテナントの募集、賃貸借契約の締結と解除、賃料の回収、建物の点検・清掃・管理などの発注、滞納や未納の督促、クレーム対応など多岐にわたります。これらの取り組みにミスや漏れがあるとそれだけリターンが減少します。当たり前のことを当たり前に行うことがプロパティマネジメントの大前提です。

これらの業務を管理会社に任せる場合、募集業務においては成約時に賃料1か月分の広告費、日常的な清掃や入居者対応においては月額賃料の5％程度の管理費、その他、突発的なトラブル対応では一定の手数料を支払います。この出費を削減するため投資家が自らプロパティマネジメントの各種業務を行うこともできますが、私は費用対効果の点でナンセンスだと思っています。

プロパティマネジメントによるアービトラージのポイントは、そこではありません。

私がこれまで実践してきた例としては、一括借り上げ契約を解除して利回りをアップしたケースがあります。売主がもともと、一括借り上げ契約（サブリース契約）で運用していたのですが、サブリース会社がかなり利益を持っていき、さらに修繕工事もサブリース会社が請け負うという条件になっていたため、ローンの返済に行き詰って売りに出た物件でした。

通常、所有者が変わっても一括借り上げ契約（サブリース契約）はそのまま引き継がれることが多いのですが、サブリース会社と交渉して一般管理に切り替えてもらうことに成功しました。サブリース契約の内容でメインになっているのは、オーナーから物件を借り受けて、

それを入居者に転貸することです。入居者が付かなくてもオーナーには毎月、一定の賃料が支払われ、その代わり賃料を少し安くしてもらっています。要はサブリース会社が空室リスクを負う分、賃料を下げてもらっているということです。

　私はそこで、サブリース契約は解除するものの、建物の管理や入居者の新規募集、原状回復時のリフォームなどは引き続き、その会社に任せるという交渉をしたのです。

　その結果、一括借り上げ後で7.6％だった利回りは9.2％に上がり、またエントランスをリニューアルすることで入居者が入れ替わる際や契約更新時に賃料も少しずつ上げていきました。また、賃料の引上げに成功した際には、管理会社に対して引上げ額（月額）の1年分を報酬として支払うようにしています。

## ■ 賃料の引上げは効果大

　プロパティマネジメントによるアービトラージの典型が、いま触れた賃料の引上げです。

　保有する物件が建っているエリアにおける賃貸市場の状況を踏まえながら、ターゲット層の想定、募集賃料の設定、フリーレントやペット飼育などの募集条件をどうするか検討します。ただ、個人投資家が自分でこうした点を検討するのはかなりハードルが高く、地元に精通した賃貸仲介業者の意見を聞くことが有効です。

　中古物件を購入してリフォームするケースも同じです。想定するターゲット層や賃料水準によって工事の内容を適切なものにすることで、無駄な出費を避けられます。

　そのほか、日常的な清掃や予防保全的な修繕などコストを含めて見直すことで実質的な利回りを改善することもできます。

　管理会社との win-win の関係をつくることが、プロパティマネジメントの鍵です。

## ■「ビルマネジメント」によるアービトラージ

　ビルマネジメントとは、個別物件の建物のメンテナンスやリフォーム、リニューアルを通して収益をアップすることです。

　ビルマネジメントによるアービトラージのひとつが、用途変更です。

　私が自分で投資した事例ですが、ある雑居ビルの1階が事務所として月15万円で貸し出されていました。ちょうど事務所として借りていた団体が退出するタイミングで購入したのですが、「今はオフィスで貸しているけど、退出したら店舗として貸せる。この価格はオフィスと店舗の賃料差を反映していないので買いだ」という判断がありました。実際、店舗利用可で募集したところ約1.6倍の月25万円で貸すことができました。

　不動産からの収益を元に考える収益還元法（収益価格）を使うなら、賃料が1.6倍になったのですから価格も1.6倍になる計算です。

## ■ ローンに関連しても工夫の余地あり

　ビルマネジメントによるアービトラージとしては、ローンの借り入れにおける工夫もあげられます。

　金融機関からのローン（融資）の返済期間は通常、建物の構造と築年数によって上限が決まっており、鉄筋コンクリート造のマンションであれば35年です。また、中古物件の場合は法定耐用年数（鉄筋コンクリート造のマンションでは47年）から経過年数を差し引くので、築年が古くなればなるほど返済期間が短くなります。その結果、毎月の返済額（特に元金分）が大きくなり、キャッシュフローが悪化します。

　ローン（融資）によるレバレッジが大前提の不動産投資においては、ローン（融資）の返済期間は「期限の利益」といって、長ければ

長いほどメリットがあります。

　そこで、私が使っているのが不動産鑑定会社に依頼して作成してもらう「耐用年数調査報告書」です。

　以前、私が購入した１棟マンションは築35年でした。法定耐用年数の47年から35年を差し引くと本来は12年返済でしかローンが組めません。しかし、「耐用年数調査報告書」を作ってもらって「実質的な耐用年数はあと29年」と出てきたので、返済期間を29年に延ばしてもらえないか金融機関と交渉しました。

　日本は世界的にみてまだ低金利が続いており、「期限の利益」を拡大することによるアービトラージが可能です。必ず認めてもらえるというわけではありませんが、資産背景などを含めた"合わせ技"として挑戦する価値はあります。

　もうひとつ、私が購入した築37年のファミリーマンションの例をご紹介します。

　この物件では基本的にはローン（融資）の返済期間は法定耐用年数との差である10年です。しかし、この場合も「耐用年数調査報告書」を用意し、金融機関との交渉によって、契約上は10年間の融資なのですが、元金の返済ピッチを30年にしてもらうことに成功しました。これにより、キャッシュフロー上は30年返済と同じメリットがあります。

　もちろん、10年後には全額返済しなければなりません。私としては5年から10年後くらいに売却するプランを立てたうえで資金計画を組んだのです。

　ただし、これも資産背景など投資家の状況によって金融機関の対応が異なる点は理解しておいてください。誰でも同じように使える方法ではありません。

　そのほかにも、金融機関からのローン（融資）の条件としては、返済期間と金利が最も重要です。

新築建物については近年、耐久性や省エネ性が高いほど優遇される傾向にあります。代表例が、「住宅の品質確保の促進等に関する法律（品確法）」に基づいて2000年からスタートした「住宅性能評価制度」です。この制度において劣化等級という項目で２級を取得すると、木造であっても30年返済が可能です。木造の法定耐用年数は22年で、通常は22年返済となるところ、30年返済ですから８年分だけ期限の利益が増えるわけです。木造アパートを新築する場合にはぜひ検討するとよいでしょう。

なお、劣化等級２級を取得するためには基礎の高さを高くするなど設計上、一定の条件をクリアする必要があり、多少、建築費もアップしますが、期限の利益のメリットのほうがはるかに大きいといえます。

## ■ エントランスなど共用部分の改良で賃料アップ

以上、紹介してきた「マネジメント」によるアービトラージはすべて、物件を保有中の賃料を維持し、可能であれば少しでも引上げ、そのことによって将来の出口（売却時）でできるだけ高く売却することを狙いとしています。

複数の住戸があるアパートや１棟マンションでは、空室を埋めるために１室でも値下げすると全体の価値が下がってしまうことには注意が必要です。そう考えると、必ずしも満室状態がよいとは限りません。満室にするため相場より賃料を下げた結果、資産価値を大幅に下げている可能性もあります。

ですから、賃料を下げて空室を埋めるのではなく、他の条件を工夫し賃料を維持する。そして契約更新時に賃料を1,000円でも引き上げるのです。そのためには設備の故障などにはすぐ対応すべきですし、エントランスや外壁、屋根をきれいにしたり、ペット可、リフォーム可など居住条件を緩やかにしたり、なんらかのインセンティブを付け

ることも考えましょう。

　次ページの事例のケースでは、エントランスをきれいにしたり集合ポストを大型タイプに変えたり、階段に手すりを付けたり、掃除を行き届くようにしたりしました。賃料を上げても「これだけ大家さんがやってくれてるんだからしょうがないな」と思ってもらえるように努力することが大事です。

　また、管理会社に対しては契約更新時や入居者の入れ替え時に賃料（月額）の引き上げに成功した場合、その１年分を成功報酬として提供することを約束しておくのも良いでしょう。１室１万円の値上げができたら12万円、５室なら60万円を通常の報酬（広告費など）とは別に支払うのです。管理会社もやる気が出るはずです。

**図2-28**「ビルマネジメント」によるアービトラージの例
〜エントランスなど共用部分の改良で賃料アップ〜

| 【以前】 | 【現況】 |
|---|---|
| 年間賃料収入：1,475万円<br>還元利回り：6.3%<br>収益還元価格：2億3,400万円 | 年間賃料収入：1,679万円<br>還元利回り：6.3%<br>収益還元価格：2億6,600万円 |

●入居者の入れ替え時、契約更新時に値上げを交渉
●同時にエントランスなど共用部のリニューアルを実施

＜物件概要＞
所在地：東京都品川区
構　造：鉄筋コンクリート造5階建
規　模：店舗・事務所×7戸
投資額：234,000,000円
利回り：6.3%

＜ポイント＞
・収益還元法ではレントロールに基づく賃料収入をベースに計算する。しかし、現況の賃料が相場より低くなっていることがある。
・前の所有者が契約更新の際に値上げ交渉をしていなかったり、管理会社が適切にアドバイスしていないためである。
・逆に高い賃料を装った"サクラ"の入居者を入れて高く物件を売却しようとするケースもある。
・中古物件では必ず入居者が退去し新規募集する際の賃料がいくらぐらいが適正化を調べることが欠かせない。
・この物件は還元利回り6.3%、2億3,400万円で購入した。エントランスなど共用部分を改良しつつ、入居者の入れ替え時と更新時に値上げして毎月の賃料収入が17万円アップした。
・年間賃料収入では204万円のアップで、還元利回り6.3%で割り戻すと評価額が3,200万円アップすることになる。

# リミテッドによるもの

## ■「エリア」によるアービトラージ

　不動産投資は物件の選び方で成否の80％が決まります。成功した不動産投資家の多くがそう言っています。

　物件の選び方で特に重要なのが「リミテッド」です。これは限定のあるところ、競争が少ないところで勝負するということです。

　代表的なのがエリア（立地）です。立地は限定されているほうが不動産投資におけるリスクを低下させ、リターンを増大させます。

　東京でいえば銀座エリアはブランド力 No. 1 の立地です。せいぜい10分そこそこで端から端まで歩ける限られたエリアに、超高級ブランドショップや有名百貨店、名だたる老舗が軒を連ねています。このようなエリアは人気が落ちることがありません。

　郊外でも、海や川が美しく見える立地は限られています。自然は人工物と違い人を癒します。キラキラ光る水面を見ていたら飽きることがありません。このような立地は極めて限られ、「一点もの」の価値を持つのです。

　海や川のほか、目の前が公園というのも限られた立地です。ペットを飼う人やランニングが趣味という人にはもってこいです。このような立地の人気も落ちません。

**図 2 - 29** 「エリア」によるアービトラージの例①
〜国立大学の正門前の学生専用マンション〜

＜物件概要＞

所在地：千葉県千葉市

構　造：鉄骨造4階建

規　模：事務所×2、1K×8戸

投資額：123,000,000円

利回り：8.80％

＜ポイント＞

・首都圏の国立大学の校門の真ん前にある女子学生専用マンション。1、2階は塾で、3、4階が住戸になっている。

・学生用アパマンは数多くあるがこれほどの立地は少なく競争優位性がある。女子学生専用でセキュリティーもしっかりしており親御さんも安心。

・毎年3月の合格発表の時期には地方出身の新入生がすぐ申し込むため空きがない。

図2-30 「エリア」によるアービトラージの例②
　　　　　〜隣で大型再開発が予定されている駅前区分マンション〜

### ＜物件概要＞

所在地：東京都中央区

構　　造：鉄骨鉄筋コンクリート造14階建

規　　模：事務所利用1戸（区分）

投資額：57,000,000円

利回り：─（自社使用）

### ＜ポイント＞

・日比谷線築地駅前にある分譲マンション（区分）。

・現在、筆者が事務所として使用している。

・築浅マンションで事務所使用が可能なものは極めて珍しい。

・間もなく隣接地で5万7000㎡の再開発が始まり、高さ110mの駅直結複合ビルが2028年に完成する予定。

・その時には賑わいも増し、街全体の価値が高まっていると思われる。

駅から徒歩５分以内といった基準も、数値的なリミテッドです。５分以内という限られたエリアは限定されています。また、賃貸住宅の入居者にとっては勤務先や通学先までの交通の利便性は大きなメリットであり、これも立地に左右されます。

逆に、都心など一部の例外を除いて区画整理地区や再開発が進む地区は供給が増え、値崩れする恐れがあります。賃貸住宅が急激に増えていきそうな場所は入居者にとっての価値が下がる可能性があります。

## ■「階数・眺望」によるアービトラージ

リミテッドでは、階数や眺望も非常に重要なポイントです。

タワーマンションでは低層階と上層階では分譲時の坪単価が大幅に違いますし、その後の市場価格においても上層階、特に最上階は何百戸の中でも数戸しかないためプレミアムが付く傾向があります。

眺望によっても市場価格に差が生れます。たとえば、ファミリーマンションでは通常、南向き住戸が好まれ、分譲価格も市場価格も他の向きの住戸より高くなる傾向があります。しかし、東京都心部では住戸の向きにかかわらず、東京タワーやスカイツリーが間近に見える住戸であれば北向きであっても人気があり、将来にわたって資産価値が維持されやすいといえます。これは眺望によるリミテッドの効果です。

なお、同じマンションにおける低層階と高層階の価格差については、少し注意が必要です。物件によっても差がありますが、年数が経つにつれて両者の価格差がさらに開くかというとそういうわけでもありません。むしろ、分譲時にデベロッパーが目いっぱい階数による人気の差（アービトラージ）を使って利益を最大化しようとするため、下層階のほうが割安になっていたりします。そのため、年数が経つにつれて差が縮まるケースもあります。そのあたりの見極めは研究の余地があると思います。

**図 2-31** 階数・眺望によるアービトラージの例①
　　　　　 ～奄美大島で40年ぶりに分譲された新築区分マンション～

**＜物件概要＞**
所在地：鹿児島県奄美市
構造・規模：鉄筋コンクリート造9階建て
間取り：2LDK
投資額：3,200万円
利回り：－（自社使用・保養所）

**＜ポイント＞**
・「海と山ここだけのビュー　奄美に40年ぶりの分譲マンション」として即日完売した物件。2021年2月竣工。
・筆者は奄美大島が好きで毎月通っており、会社の保養所として3,100万円で購入した。
・文字どおり目の前に海と山が広がる眺望は奄美でもここしかない。
・購入後、1年で10%以上値上がりしている模様。

**図 2-32** 階数・眺望によるアービトラージの例②
〜ウォーターフロントの絶景区分マンション〜

**＜物件概要＞**

所在地：東京都中央区

構造・規模：鉄筋コンクリート造10階建て

間取り：2LDK

投資額：1億2,500万円

利回り：―（元自社使用・社宅）

**＜ポイント＞**

・隅田川がインフィニティプールのように見えるリミテッドのビュー。

・隅田川の向こうにはタワーマンション群の夜景がきらびやかに広がる。

・ワンフロアーに4住戸あるが、東南角の住戸しかこのビューはない。

・隅田川沿いでも最もビューが美しい物件であり、リミテッド中のリミテッドといえる。

## ■「競合」が少ないことがアービトラージにつながる

　リミテッドというのはある意味、相対的なものです。マーケティング理論として有名な「ブルー・オーシャン戦略」という考え方があります。

「ブルー・オーシャン」とはこれまで存在しなかったまったく新しい事業領域のことで、「ブルー・オーシャン戦略」とはそういう新しい領域を市場の中に生み出し、そこで事業を展開していくことです。

　ただ、ブルー・オーシャンは現状分析や新しいニーズの発掘、発想の転換など、さまざまな手法によってようやく見つけることができるものです。

　ブルー・オーシャンが未開拓で大きな可能性を秘めた領域であるのに対し、すでに多くの企業が参入して厳しい競争を繰り広げている領域が「レッド・オーシャン」です。レッド・オーシャンでは利益の確保さえ難しく、少しでも油断するとはじき出されてしまいます。

　ここで重要なのは、ブルー・オーシャンとレッド・オーシャンは決して固定されたものではないことです。一度見つけたブルー・オーシャンも、競合他社の参入や類似するサービスの登場によってレッド・オーシャンに変わる可能性があります。逆に、レッド・オーシャンだと思われていた領域がいつの間にか気が付いたらブルー・オーシャンになっているということもあります。

　不動産投資の世界でもこうした現象が見られます。

　たとえば、東京23区などのワンルームマンション規制がそうです。ワンルームマンション規制とは、自治体が単身者向け住宅の建設に対して何らかの制限を加えることです。具体的には賃貸マンションなどの住戸の床面積に一定の下限を設けたり、建物全体におけるワンルーム住戸の割合に上限を設けたりします。こうした規制がかかる以前に建てられたワンルームマンションは床面積が狭く、水回りの設備など

もいわゆる3点ユニットバス（トイレ、洗面、浴槽が一体型になっているもの）で人気がありませんが、逆にいうと安く購入できる可能性があります。それをコストを抑えて上手にリフォームし、手ごろな賃料で貸し出せればおもしろいでしょう。

あるいは、京都市のように建築規制条例が非常に厳しい自治体では、新たに賃貸住宅を供給することが難しく、すでに存在する中古物件をうまく活用すると安定した収益が見込めます。

私の所有物件の中には、国がかつて積極的に推進しながらいまではほとんど利用されなくなった「特優賃（特定優良賃貸住宅）」を中古で購入したケースがあります。駅前の便利な立地にある広めのファミリータイプの賃貸マンションで、周辺ではもう二度と出てこないであろうと思われます。

こうしたケースもある意味、ブルー・オーシャン物件といえるでしょう。

**図2-33** ブルー・オーシャン戦略の基本的な考え方

| | レッド・オーシャン戦略 | ブルー・オーシャン戦略 |
|---|---|---|
| 対象市場 | 既存の市場 | 競争のない新しい市場 |
| 競合関係 | 多くのライバルと競い合う | ライバルはまだいない |
| 顧客 | 既存の需要を認識している人 | 新しい需要に気づいていない人 |
| 価格 | 価格とコストが比例しがち | 価値を高めながらコストを抑える |
| スタンス | 差別化か低コストか、どちらかの戦略を選びがち | 差別化と低コストをともに追求する |

**図2-34** 「競合の少なさ」によるアービトラージの例
〜駅2分に建つ大型ファミリータイプの賃貸マンション〜

＜物件概要＞

所在地：千葉県松戸市

構　造：鉄筋コンクリート造5階建

規　模：3LDK×28戸＋店舗1

投資額：500,000,000円

利回り：8.00％

＜ポイント＞

・以前、地主さんが11億円で建てた「特優賃」のファミリータイプマンション。

・建築費の補助や入居者への家賃補助があったが、建築費が高すぎて行き詰る。

・特優賃は失敗した制度と見なされ、もはや制度自体が終了している。

・いま3LDKの新築賃貸マンションを建てても採算が合わないので建てる人が
　いない。よって今後、競合が増える心配はほぼない。

・競合が少ないため空室が出てもすぐ埋まる。更新時や入居者の入れ替え時に賃
　料アップの交渉もしやすい。

**1**／　「業界の仕組みや慣行によるもの」としては、「情報格差」によるアービトラージ、「開発利益」によるアービトラージ、「時間差」によるアービトラージがある。

**2**／　「制度によるもの」としては、「税金」に関するアービトラージ、「法律」に関するアービトラージ、「政策」に関するアービトラージがある。

**3**／　「活用法によるもの」としては、「最有効使用」によるアービトラージ、「鑑定手法」によるアービトラージ、「小口化」によるアービトラージがある。

**4**／　「マネジメントによるもの」としては、「アセットマネジメント」によるアービトラージ、「プロパティマネジメント」によるアービトラージ、「ビルマネジメント」によるアービトラージがある。

**5**／　「リミテッドによるもの」としては、「エリア」によるアービトラージ、「階数・眺望」によるアービトラージ、「競合」によるアービトラージがある。

第**3**章

不動産
アービトラージで
成功するための

ポイント

# 純資産の拡大サイクルを回す

## ■ 大事なのはリターンを蓄積していくこと

　前章では「不動産アービトラージ」のパターンと事例をご紹介しましたが、いざそれを実践していくためにはいくつかのポイントがあります。本章ではそうした「不動産アービトラージ」で成功するためのポイントについて説明します。

「不動産アービトラージ」の目的は、不動産投資においてリスクをコントロールしながら着実にリターンを得ることです。そして、より重要なことはリターンを蓄積し、純資産を増やしていくことです。

　これを私は「純資産の拡大サイクル」と呼んでいます。この仕組みを理解することで不動産投資の本質をつかむことができ、個々の判断のスピードを上げながら判断ミスを減らすことができます。

　では「純資産の拡大サイクル」とはどういうことなのでしょうか。

　そもそも不動産投資によってリターンを得るには時間がかかります。インカムゲインである賃料は毎月1回入ってくるだけですし、キャピタルゲインは売却時までわかりません。株式のように運が良ければ2、3年で投下資本が数倍、数十倍になるということはありえません。

　時間を味方につけ、長期で資産を増やしていくのが不動産投資の基本だということを忘れないでください。

## ■ 不動産投資におけるバランスシート

　長期で資産を増やしていく状態を把握するために欠かせないのが「バランスシート」（B/S、貸借対照表）です。バランスシートはもともと企業の財務状況を示すためのもので、経営の通信簿ともいわれます。

　ここでバランスシートの構成を理解しておきましょう。バランスシートの表記は大きく左右の２列に分かれており、右の列が「資本の部」、左の列が「資産の部」です。

「資本の部」は簡単にいえばどこからお金を調達してきたかを示しており、さらに銀行ローン（融資）などの「負債」と、資本金や内部留保などの「純資産」に分けて金額が記載されます。

　左の「資産の部」には調達したお金がどう使われているかが示されており、企業であれば自社ビルや工場の土地建物、機械設備などのほか預貯金や有価証券など資産の種類と金額が記載されます。そして、「資本の部」と「資産の部」それぞれの合計額は一致します。

　バランスシートは定期的に公表され、その変化をみれば会社の経営がうまくいっているのかどうかが客観的にわかります。たとえば、赤字が続いたり在庫が不良資産になったりするとその分、「純資産」が減っていきます。さらに「資産の部」の合計より「資本の部」の「負債」が上回るようになると「債務超過」の状態で、いつ倒産してもおかしくありません。

　こうしたバランスシートの仕組みは不動産投資にも応用できます。図3-1がその例です。右の「資本の部」には銀行ローンや敷金などの「負債」と自己資金や賃料収入を積み立てた「純資産」があります。左の「資産の部」には、購入した土地や建物があります。

　不動産投資がうまくいっていると、賃料収入が入ってきて、経費を差し引いた「利益」が残ります。また、賃料収入からローンの元金の

図3-1 不動産投資のバランスシート(貸借対照表)の例

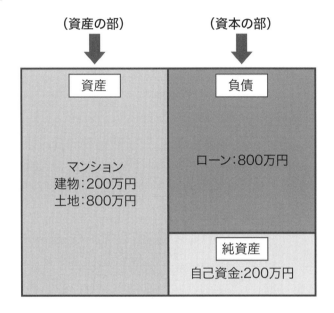

（資産の部）　　　　（資本の部）

| 資産 | 負債 |
|---|---|
| マンション<br>建物：200万円<br>土地：800万円 | ローン：800万円 |
| | 純資産<br>自己資金：200万円 |

返済も行われ「負債」が減っていきます。これらが資産の部に預貯金などとして積み立てられていき、純資産も増えていきます（図3-2）。

　不動産投資における本当の収益は「収入－経費」ではなく、「負債」の減少を含めた「資産」と「純資産」の増加分なのです。

　なお、不動産投資ではそのほかにも、土地の市場価格が上がることによって含み益が出ればその分、バランスシートにおいて資産の額と純資産の額が増えます。逆に、建物が古くなって減価償却が進めばその分だけ、バランスシートにおいて資産の額と純資産の額は減ることになります。

　よく「減価償却費は節税になるので大きいほうが良い」などといわれますが、理論的には建物の価値が落ちて資産と純資産がともに減っていく分を、損益計算（P/L）において経費として処理しているだけのことです。

**図3-2** 純資産の拡大サイクルを回す① 利益の蓄積

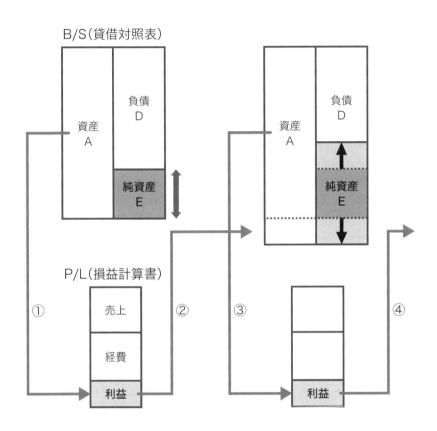

## ■ 他人のお金で行う積立貯蓄

不動産投資のバランスシートを見ると、不動産投資の特徴が見えてきます。それは「他人のお金で行う積立貯蓄」ということです。

通常の積立貯蓄は、預金や投資信託、NISAなどを利用したものです。自分の給料から税金や社会保険料を支払い、残ったキャッシュの一部を自動天引きなどによって積み立てていきます。そのため、買いたいものを我慢することも普通です。「自分のお金で積立貯蓄を行う」というのは、当たり前といえば当たり前です。

これに対し、不動産投資では負債が減って純資産が増えていくことが積立貯蓄にあたります。そのためのお金は賃借人が支払ってくれる賃料です。そこから経費を差し引いたものが利益となり、その一部でローンの元金を返済し、負債が減少するととともに純資産が増加していきます。

また、賃料を生み出すのは保有する土地建物です。その土地建物を購入するお金は銀行からのローン（融資）が大部分を占めます。ローン（融資）と自己資金の割合はケースによって違うでしょうが、かつては9：1とか10：0ということもありました。

このように、銀行からのローン（融資）によって資産を取得し、入

**図3-3** 「他人のお金で行う積立貯蓄」の意味

| | 通常の積立貯蓄 | 不動産投資 |
|---|---|---|
| 元手 | 自分の時間労働 | 一部自己資金のほか、大半は金融機関からのローン（融資） |
| 積立の原資 | 給料 | 賃借人が払ってくれる賃料 |
| 積立方法 | 預金や投資信託、NISAなど | 金融機関からのローン（融資）の残高の減少 |

居者が支払ってくれる賃料によって利益を確保し、純資産が増えていくのです。

これはまさに、「他人のお金で積立貯蓄を行う」ことといえるでしょう。

## ■ 賃料や市場価格の低下には注意

私個人のケースについて、具体的な数字でご紹介しましょう。

2017年に、比較的新しい千葉県松戸市内のファミリー向け賃貸マンションを取得しました。諸費用を含めて初期投資は約5億円、利回りは表面回りで8％です。郊外であることと、任意売却物件なので比較的安く購入させていただくことができました。

自己資金は1,600万円、ローン（融資）は4億8,200万円借りました。毎月の家賃は330万円入ってきています。毎月の経費は平均して100万円ですので、毎月230万円の利益になります。

毎月のローンの返済は元利合計で140万円です。平均して毎月90万円のキャッシュが通帳に貯まっています。7年間だと90万円×7年×12か月＝7,560万円になります。

家賃収入は経費を除いて毎月管理会社から入ってきますし、固定資産税は自動引き落としなので、ほったらかして毎月通帳に90万円のキャッシュが貯まっていっています。既に7年経ちましたが、この状態に変化はありません。

さらに注目すべきは、毎月ローン（融資）の元金が110万円ずつ減っていることです。7年間では110万円×7年×12回＝9,240万円が減った計算になります。

物件の価値（市場価格）はほとんど落ちていないと思われます。むしろ取得時より総収入は増えているので、価値が上がっているかもしれません。

少なくとも取得時と同じ価格でいま売れたら、7,560万円のキャッ

シュが通帳に記載されており、さらに9,240万円、ローン（融資）の残高が減っているのです。

　気をつけているのは空室が増えないよう周辺の賃貸市場の動向をチェックすることと、思わぬ修繕費がかからないように建物管理をしっかりしていることくらいです。その実務も私自身がしているのではなくて、賃貸管理会社とビル管理会社に任せているので、実質上は何もしていません。

## ■ 買い換えによってサイクルを加速する

　こうした「純資産の拡大サイクル」は、買い換えによってさらに加速することができます。ある程度、負債であるローン（融資）の返済が進み、純資産が増えたらいったん物件を売却します。購入時と同じ金額で売却できたとしたら、税金等はかかりますが、少なくとも当初の自己資金よりも多くのキャッシュが手元に残ります。

　この自己資金をもとに、金融機関から新たにより多くのローン（融資）を調達し、より大きな物件を購入します。その際にももちろん、不動産投資アービトラージの考え方を応用します。そして、新たに購入した物件においてまた、「純資産の拡大サイクル」を回し、純資産を増やしていくのです。

　一般に投資規模が大きくなるほど資金効率がよくなりますし、金融機関との交渉を有利に進めやすく、不動産会社からもたらされる情報の質も高くなる傾向があります。

　これが不動産投資における「純資産の拡大サイクル」を回すということなのです。

**図3-4** 純資産の拡大サイクルを回す②　再投資

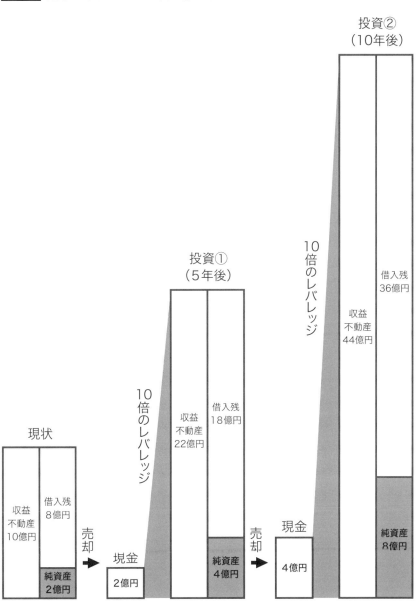

# 金融機関を味方につける

## ■ 不動産投資における「レバレッジ」の役割

　他の投資と比較した場合、不動産投資の大きなメリットはレバレッジを利用できることです。その本質を伝えるのは難しいのですが、簡単にいえば「梃の原理を使った投資効果」ということです。

　仮に自己資金1億円で1億円の収益不動産を購入し、利回りが4％とすれば1年間の利益は400万円です。

図3-5 レバレッジ効果の具体例

**自己資金　1億円　の場合**

| レバレッジを効かせない | 年間収入 | 利回り |
|---|---|---|
| 1億円　の物件を購入（借入なし） | 400万円 | 4% |

**自己資金　1億円　＋　借入　9億円　の場合**

| レバレッジを効かせる | 年間収入 | 利回り |
|---|---|---|
| 10億円　の物件を購入（借入あり） | 4,000万円 | 4% |

| 自己資金に対する実質収入 | 自己資金に対する利回り |
|---|---|
| 年間収入　　　借入の利息<br>4,000万円−1,000万円＝3,000万円 | 30% |

　一方、自己資金1億円に9億円のローン（融資）を組み合わせ、10億円の収益不動産を購入すれば、同じく利回り4％で1年間の利益が4,000万円、金利負担が1,000万円としても実質収入は3,000万円です。

　同じ自己資金1億円の投資でもローン（融資）を組み合わせるかどうかで、これだけの差が出るのです。

　ただし、将来売却する際、その間に得た利益分以上に物件の市場価格が値下がりしていたら、すなわち貸借対照表（B/S）において資産に含み損が発生していたら、当初の投資資金が失われてしまうこともあり得ます。

　土地や建物の評価額がまったくゼロになることはないでしょうが、9億円のローン（融資）を組み合わせて10億円の収益不動産を購入した場合は、値下がりの程度によっては自己資金の1億円以上の損失が発生することもあり得ます。

　レバレッジはうまく使えば大きな味方になってくれますが、逆効果になると大きな損失を被ることもあります。

## ■ リスクマネジメントの鍵は返済猶予率

　不動産投資において絶対に避けなければならないのはローンが返せなくなることです。

　ただ、ローンの返済といっても元金分と金利分は別です。銀行の利益になるのは金利分です。極端なことをいえば、元金分の返済は銀行の利益にはなりません。

　ですから、金利さえ払ってもらえれば良いという考えもあります。実際、リートや不動産投資ファンドのファイナンスでは利払いだけというのはよくある話です。

　いずれにせよ、不動産投資においては、空室が出ようが、賃料が下がろうが、急な修繕費がかかったとしても、賃料の中からローンが返

せるようにしておけばよいのです。

その目安となるのが「返済余裕率（DSCR）」です。

たとえば、月額100万円の家賃収入があり、経費が月平均20万円、ローンの返済金額が月60万円だとします。この時のDSCRは80万円÷60万円＝1.33です。

一般的にはDSCRは、1.2以上であれば安全といわれています。ただし、物件の取得当初はDSCRが1.3あったとしても、賃料の下落や空室の増加によって数値が下がってくることもあり得ます。そのため、余裕をもってDSCRは1.3以上、できれば1.5くらいあると安心

**図3-6** 返済猶予率（DSCR）の計算方法

$$DSCR（倍）= \frac{NOI（ローン返済前）}{年間のローン返済額}$$

※計算例：
NOIが1,000万円、ローン返済額が600万円のAアパートと、NOIが1,000万円、返済額が800万円のBアパートを比べると、
AアパートのDSCR＝1,000万円／600万円≒1.66倍
BアパートのDSCR＝1,000万円／800万円＝1.25倍

**図3-7** 返済余裕率（DSCR）の例

| 項目 | 計算式 | |
|---|---|---|
| 価格 | a | 240,000,000円 |
| 賃料（月額） | b | 1,000,000円 |
| 賃料（年額） | c | 12,000,000円 |
| 表面利回り | c/a | 5% |
| 自己資金 | | 40,000,000円 |
| 借入金 | | 200,000,000円 |
| 元金返済 | d | 609,000円 |
| 経費（月額） | e | 200,000円（経費率20%） |
| ネット利益（月額）（収支） | b－e=f | 800,000円 |
| 返済余裕率（DSCR） | f/d | 1.31＞1.3 |

です。

　なお、DSCR を将来にわたって正確に把握するのは難しいので、投資判断ではある程度割り切って使うことも大事です。

　私の場合、「毎月の元金返済分が賃料の5〜6割程度かどうか」で大まかに判断しています。経験上、このやり方でも十分有効です。

　たとえば、表面利回り5％の1棟マンションを購入したとします。

　価格が2億4,000万円とすると、年間の賃料は1,200万円、毎月100万円となります。

　資金計画は、自己資金が4,000万円、借入が2億円とします。2億円の借入条件は35年返済、金利を0.8％とすると、毎月の元金返済額は元金均等返済で60万9,000円です。これだと毎月の賃料（100万円）の6割ほどになります。また、経費率を20％とすると正味の利益は月80万円となり、これをベースにすると元金返済額は75％になります。しかし、80万円の正味利益に対し、毎月の元金返済が60万9,000円でも、DSCR は1.31です。1.3を超えているので最低限のラインをクリアしています。

　元金返済が家賃の5〜6割程度に収まっていればまず問題ないというのは、この事例からも有効であるといえるでしょう。

　都心の好立地にある物件など将来価値が魅力的なので「ここはどうしても取得しておきたい」と思う場合には、自己資金をさらに出して取得します。無理をして、ローンを増やしてはいけません。

## ■ 投資家にとって銀行は心強いパートナー

　不動産投資を行うのはあくまで投資家です。投資家は自己資金を出し、また銀行からローンを借りて収益不動産を取得します。そして、賃料収入からローンの金利を払い元金を少しずつ返済していきます。投資家と銀行ではリスクの取り方が違いますが、基本的には win-win の関係にあるのです。

リスクの取り方が違うというのは、投資家は失敗すれば自己資金を
すべて失うリスクがあります。

銀行は融資した投資家が債務不履行になった時、担保を売却しても
融資を全額回収できないかもしれないリスクがあります。ただ、銀行
は担保を取っている分、リスクは投資家より低いといえるでしょう。
よって、リターンはリスクの高い投資家が先に取り、リスクの低い銀
行は金利のみの利益となります。

ちなみに、フルローンで収益不動産を取得し、ネット利回り４％、
金利１％なら、４分の３（３％分）は投資家の利益、４分の１（１％
分）は銀行の利益です。

また、ネット利回り４％、金利が２％となれば、投資家の利益は２
分の１（２％分）、銀行の利益も２分の１（２％分）となります。

銀行にすれば、融資先がきちんと返済してくれる確率が低ければ低

**図3-8** 不動産投資における投資家と金融機関のリターン配分

※フルローン（物件価格全額をローンでまかなう場合）でネット利回り４％の物件（1億
円）を購入した場合

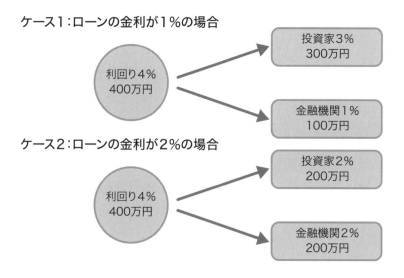

ケース１：ローンの金利が１％の場合

利回り４％
400万円

投資家3%
300万円

金融機関1%
100万円

ケース２：ローンの金利が２％の場合

利回り４％
400万円

投資家2%
200万円

金融機関2%
200万円

いほどリスクが高くなり、その分金利も高くなります。

投資家と銀行ではリスクマネジメントも違います。投資家は賃料や稼働率、経費率をチェックし、毎月の収益と物件価値を落とさないようにリスクマネジメントします。

銀行は、融資する投資家の与信審査と担保の確保でリスクマネジメントします。日本の銀行は担保に偏りすぎているきらいはありますが、逆に担保さえ入れれば融資を受けやすく、投資家としては不動産投資においてハイレバレッジがかけられるという利点にもなります。

## ■ 金融機関の融資枠を確保しておく

最近、不動産投資に対する金融機関の融資姿勢が厳しくなってきており、ローンの申し込みが不調に終わっての白紙解約が増えていると聞きます。

アベノミクスが始まり金融緩和が進んだ当初は、サラリーマンによる不動産投資がブームになりました。銀行がサラリーマンにも積極的に融資したからです。

ところが5〜6年ほど前から、サラリーマンの不動産投資への融資が絞られはじめました。サラリーマンだけでなく、医師、弁護士などの士業、また富裕層であっても負債額が多い人や融資の増加スピートが早い人は借りにくくなっています。

一方でキャッシュリッチな富裕層や、収益力の高い企業の経営者層、借入の少ない地主層に対して金融機関は積極的な貸し出し姿勢を維持しており、二極化が進んでいます。

こうした状況では銀行とのリレーションが重要です。ローン（融資）を借りている銀行に対して、定期的に決算書や確定申告書を提出するだけでなく、保有する物件の運用状況や資産背景の変化などがあればこまめに報告したり、買い換えや買い増しの計画があればあらかじめ融資が可能かどうか確認しておくようにしましょう。

# 仲間と不動産投資エコシステムをつくる

## ■ 多くの専門家の力を利用する

　投資と言っても、株式や債券など金融商品であればネットを通して自分ひとりの判断で売買を行うことができます。

　しかし、不動産投資にあたっては、ローン（融資）を申し込む金融機関以外にも、物件情報を入手する不動産仲介会社、居住者の募集や建物の管理を任せる管理会社、建物の修繕やリフォームをやってもらう建築会社、ほかにも隣地境界を確定する際には土地家屋調査士、登記手続を行う際には司法書士、不動産所得の申告を行う際には税理士など、さまざまな専門家の力を借りることになります。

　不動産投資にともなうこうした業務を毎回新しい専門家に頼むより、信頼できる相手と継続的に良い関係を続けていくほうがストレスが少なく、リスクも抑えられます。

　こうしたネットワークを私は「不動産投資エコシステム」と呼んでいます。

　エコシステムとはもともと生態学における専門用語で、ある地域や空間において動物や植物がお互いに依存しながら一定の状態を維持している関係のことを指し、日本語では「生態系」と訳されています。

　エコシステムという用語はいまや地域社会やビジネス、ＩＴなどの分野でも広く使われ、利害関係を有する関係者がお互いに win-win の関係でつながり、そのネットワークを維持しながら成長発展していくことを表します。

　この考え方を不動産投資に応用したのが、「不動産投資エコシステム」です。

## ■ 入居者もネットワークのメンバー

「不動産投資エコシステム」には、投資した収益不動産を借りて賃料を支払ってくれる入居者や利用者も含まれます。

　不動産投資は実際には、アパートや賃貸マンションなどを入居者に貸す不動産貸家業というビジネスであり、入居者が借りてくれてはじめて成り立ちます。

　ローンの返済も、マイホームのように自分の収入から返済するのではなく、入居者から受け取る賃料で返済していくのです。

　ですから、入居者に喜ばれる立地や建物、そして「これくらいなら払ってもよい」と思ってもらえる賃料設定が欠かせません。

　さらにいえば、投資家としていろいろ情報交換のできる仲間がいれば心強いでしょう。

　身近な友人などと不動産投資の話ができるという人は意外に少ないものです。

　そのため勉強会や講演会の類に参加する人もいますが、その参加者はといえば資産背景や目的、不動産投資に対するスタンスがばらばらです。

　そうではなく、自分と似た立場、状況の投資家が集まる場はとても価値があると思います。

「ビリオンクラブ」はまさにそうした集まりです。

人の輪を広げていくことが「不動産投資エコシステム」の価値であり、不動産投資を長期的に成功させる鍵になると私は考えています。

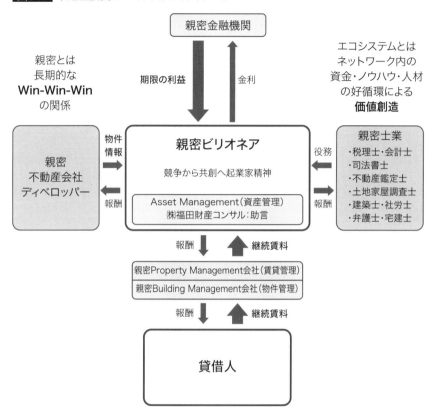

**図3-9** 不動産投資のエコシステムのイメージ

親密金融機関

親密とは
長期的な
**Win-Win-Win**
の関係

期限の利益　　金利

エコシステムとは
ネットワーク内の
資金・ノウハウ・人材
の好循環による
**価値創造**

物件
情報

**親密ビリオネア**

競争から共創へ起業家精神

Asset Management（資産管理）
㈱福田財産コンサル：助言

親密
不動産会社
ディベロッパー

報酬

役務

報酬

**親密士業**
・税理士・会計士
・司法書士
・不動産鑑定士
・土地家屋調査士
・建築士・社労士
・弁護士・宅建士

報酬　　継続賃料

親密Property Management会社（賃貸管理）

親密Building Management会社（物件管理）

報酬　　継続賃料

**貸借人**

# 欲と恐怖のバランス

## ■ リスクを冷静に見極める

　投資にリスクはつきものです。リスクをとらない限りリターンは得られません。ところが、投資におけるリスクを実際以上に大きく感じ、敬遠する人も多いようです。日本人は特にリスクを忌み嫌う傾向が強いのではないでしょうか。

　一方で、不動産投資でよくあるのは物件をたくさん持つと楽しくなり、次から次へどんどん増やしていくケースです。資産が増えれば増えるほど欲も強くなり、恐怖は小さくなっていきます。私自身もその傾向があると自分で認識しています。

　不動産投資を含め、あらゆる投資においては「欲」と「恐怖」のバランスが重要だと思います。不安を感じ過ぎてもいけませんし、調子に乗り過ぎてもいけません。

## ■ 数値で考える健全性

　そこで私は数値で「欲」と「恐怖」のバランスをコントロールするようにしています。いわば投資における健全性の目安を持っておくのです。

　具体的にはリート（不動産投資信託）でよく使われるLTV（Loan

**図3-10** 不動産プライベートファンドのリスク許容度別特性

| リスク許容度 | （J-REIT） | 小 | 中 | 大 |
|---|---|---|---|---|
| 組成者 | 国内大手企業・連合 | 国内大手企業・単独 | 国内独立系海外不動産業者 | 海外事業法人海外投資銀行 |
| 投資家 | 個人投資家 | 国内機関投資家国内年金 | 国内事業法人海外年金 | 海外機関投資家海外ファンド |
| 主な収益機会 | インカムゲイン | インカムゲイン | キャピタルゲインインカムゲイン | キャピタルゲイン |
| 主要プロパティ | オフィス：Aクラス | 住宅：棟単位 | オフィス：Bクラス | 住宅：ユニットバルクセール案件 |
| LTV | 50%以下 | 50〜60% | 60〜70% | 70%以上 |
| 物件運用期間 | 10年以上 | 5〜10年 | 3〜4年 | 2年以内 |
| 目標配当利回り | 4〜6% | 6〜7% | 7〜9% | 9〜12% |
| 目標RR | 5%以上 | 10%以上 | 15以上 | 20%以上 |
| 投資基準 | | バリューダウン回避 | バリューダウン余地 | 低価格での購入 |
| シェア | 拡大 | 拡大 | 拡大 | 縮小 |

to Value）を参考にしています。日本語では「負債比率」と訳され、物件価格に対する借入（融資）の割合のことです。

　私はここ数年で資産を大きく増やしたため、LTVが72％に達します。もちろん、賃料収入から借入（融資）の元金を返済していけばLTVの数値も下がっていきますが、それには年数がかかります。万が一、その間に金融危機が発生したり、大地震などの自然災害が起こると大変です。

　その点、リートの多くはLTVを40％から高くて50％までに設定しています。つまり、投資家から集めた資金が50％、銀行などからのローン（融資）が50％ということです。

　リートは基本的に運用規模を維持ないしは拡大していくため、運用期間はある意味、永遠です。そのため、万が一のことが起こることも想定したうえで、そのくらいのLTVであれば破たんしないとみてい

るのでしょう。

　それに対し、私募ファンドや私募リートの場合はLTVが50％以上も普通です。中には70％程度のこともあります。私募ファンドや私募リートは年金基金や生命保険会社、超富裕層など特定の大口投資家が資金の出し手であることが多く、比較的短期間で売却することもよくあるので、LTV70％ぐらいまでは許容範囲かと思います。

　私自身としては、そろそろ東京都心の不動産価格はピークに近いのではないかと考え、いったん保有する物件を減らし（キャッシュポジションを増やし）、LTVも5割程度に下げる予定です。そしていずれまた、物件を増やしていくタイミングを見計らおうと考えています。

図3-11 総資産負債比率による健全性の目安

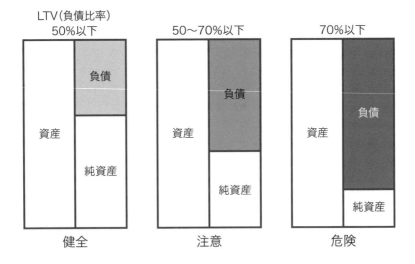

総資産負債比率（LTV50％以下）が健全

LTV（負債比率）
50％以下　　　　50〜70％以下　　　　70％以下

健全　　　　　　注意　　　　　　危険

## 第3章のポイント

1　「不動産アービトラージ」の目的は、不動産投資においてリスクをコントロールしながら着実にリターンを得、さらにリターンを蓄積して純資産を増やしていくことである。

2　不動産投資においてもバランスシートの発想を取り入れるべきである。

3　不動産投資は、「他人のお金で行う積立貯蓄」である点が大きな特徴である。

4　不動産投資ではさまざまな専門家の力を借りる必要があり、自分の「不動産エコシステム」をつくることを目指すべきである。

5　リスクをとらなければリターンもないが、数値によって欲と恐怖のバランスをコントロールすることが欠かせない。

第**4**章

不動産投資市場の
現状と今後

# 不動産投資をめぐる環境

## ■ 投資用不動産の金融商品化

　かつて、日本の不動産市場は右肩上がりで地価が上昇するという「土地神話」をベースに、売買によるキャピタルゲイン狙いが中心でした。しかし、1990年代初頭のバブル崩壊により、全国的に地価は大きく下落しました。

　その後、海外のファンド勢が入ってくるなかで、物件の収益性に注目する考え方が広がっていきました。賃料収入と売却益など物件が将来、生み出すキャッシュフローから割り戻して現在の価格を計算する収益還元法が重視されるようになったのです。

　そして2001年、日本でもリート（J-REIT）が登場しました。リートはまさに収益不動産をもとにした金融商品であり、一般の投資用不動産も金融商品化していくきっかけになりました。

## ■ 収益性、安全性、流動性の３つで評価

　金融商品は一般に「収益性」「安全性」「流動性」の３つの基準で評価できるとされます。

　「収益性」は、金融商品で資金を運用することによりどれくらいのリターンが期待できるかということです。

「安全性」は、投資した金融商品の価格変動（リスク）により投資資金が失われたり、目減りしたりする可能性がどれくらいあるのかということです。

「流動性」は、いざ投資した金融商品を換金しようと思ったとき、何らかの制約があるのか、どれくらいの期間で手続できるのかということです。

そして、収益性、安全性、流動性すべておいて優れる金融商品は存在しません。投資家の投資目的やリスク許容度などに応じてどの基準を優先させるかで選ぶことになります。

この3つの基準とその関係は、金融商品化した投資用不動産についても当てはまります。

**図4-1** 金融商品を評価する3つの基準

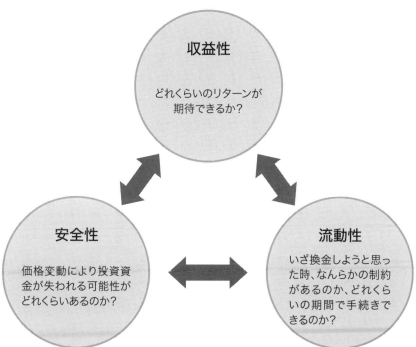

# ■ リスクとリターンの関係

いまや代表的な金融商品である投資信託において、特に収益性と安全性の関係を把握する際に使われるのが「シャープ・レシオ」という指標です。

シャープ・レシオは**図4-2**のように、リスク（標準偏差）1単位当たりの超過リターン（無リスク資産の収益率を上回る超過収益）を計算して測ります。

ここでのリスクとは一般的な意味での「危険」ということではなく、収益のブレを意味します。リスクが低いとは収益が安定しているということです。また、無リスク資産とは通常、国債の利回りです。

そして、シャープ・レシオの数値が「高い」ほどリスクに対する超過リターンが高く、効率よく収益が得られることを意味します。

シャープ・レシオを使うと、異なる投資対象を比較する際に、同じリスクならどちらのリターンが高いかを判断できます。

たとえば、一定期間の収益率が同じ20％の投資信託Aと投資信託Bがあったとき、それぞれの標準偏差が5％と10％、無リスク資産である国債の利回りが2％だったとします。

投資信託Aのシャープ・レシオは（20－2）÷5で3.6、投資信託Bのシャープ・レシオは（20－2）÷10＝1.8となります。

つまり、利回りだけみると投資信託Aと投資信託Bは同じに見えますが、リスクとのバランスを考えると投資信託Aのほうがずっと優れているということになるのです。

これを不動産投資に当てはめて考えると、不動産投資においてもリターンである賃料収入は比較的容易にわかります。募集賃料はネット上にたくさん掲載されており、エリアごと物件種別ごとの相場観がだいたいわかります。

問題はリスクです。賃料が入ってこない空室リスク、賃料が次第に

**図4-2** シャープ・レシオの計算方法とイメージ

【計算方法】

$$
シャープ・レシオ＝\frac{ポートフォリオの収益率－無リスク資産の収益率}{ポートフォリオの収益率の標準偏差}
$$

【イメージ】

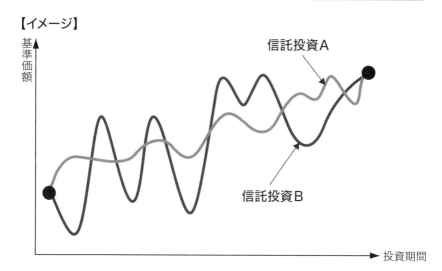

|  | 投資信託A | 投資信託B |
|---|---|---|
| 収益率 | 20% | 20% |
| 標準偏差 | 5% | 10% |
| シャープ・レシオ | 3.6 | 1.8 |

下がっていく値下がりリスクなどはほとんど公表されていませんし、将来の出口における物件の値下がりリスクになると誰にもわかりません。

　ただし、不動産投資におけるリスクに連動していると思われる指標があります。それが「キャップレート」です。キャップレートとは不動産などの資産価格と資産から得られる純収益の比率のことで「還元利回り」「収益還元率」などとも呼ばれます。その計算は**図4-3**のよ

うに、不動産から生み出される年間の純収益（NOI：Net Operating Income）を物件価格で割って求めます。

　キャップレートを計算すると不動産を購入する際、投資資金の回収期間を割り出せますし、逆にNOIをキャップレートで割ると、不動産価格を計算することができます。

　たとえば、年間100万円の純収益が見込まれる不動産について、キャップレートが5％とすると、その不動産の評価額は100万円÷0.05で2,000万円となります。もし、キャップレートが4％に下がると今度は100万円÷0.04で2,500万円となります。

**図4-3** キャップレートの計算方法とプロパティ別キャップレート（東京）の推移

【計算方法】

$$キャップレート＝\frac{NOI（年間収入－必要経費）}{物件価格}$$

【プロパティ別キャップレート（東京）の推移】

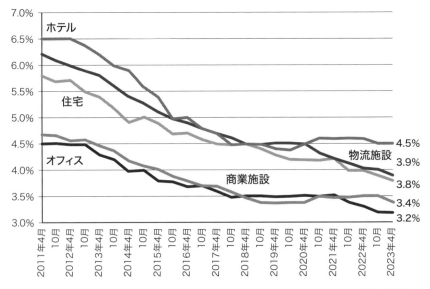

出典：一般社団法人日本不動産研究所「不動産投資家調査」

実際にはキャップレートは、その時々の経済情勢やエリアの不動産市場の動向、さらにはその物件固有の事情によって変化しますが、不動産投資におけるさまざまなリスクはキャップレートに集約されていると一応、考えておけばよいでしょう。

不動産投資において個々の物件の本来のキャップレートが推定できれば、キャップレートでその物件の年間賃料収入を割り戻し、適正価格が計算できます。

## ■ 表面利回りのみで判断する危険性

このように考えると、不動産投資において表面利回りばかり重視して物件を選ぶことがいかに危険かということがわかると思います。

表面利回りばかり重視するということは、リターンしか見ないでリスクを見ていないからです。高いリターンと低いリスクを兼ね備えた物件はまさに掘り出しものです。しかし、そんな物件がオープンに売り出されることはまずありません。

投資の常識からいえば、高利回りの物件には何かしらのリスクがあるはずです。たとえば、空室リスクです。地方のアパートや賃貸マンションは都市部より購入価格が安いため、表面利回りが高くなる傾向があります。それは人口の減少による賃貸需要の弱さと裏腹の関係にあり、いったん空室になると次の入居者がなかなか見つからない可能性が高いのです。

また、築古の物件は修繕費用などランニングコストが高くなるリスクがあります。室内については水回りの修理やリフォーム、建物全体では壁や屋根、ベランダなどの修繕が必要になるかもしれません。

さらに流動性が低いというリスクもあります。なんらかのマイナス点のある物件ほど買主を見つけにくく、流動性が低くなります。それをカバーするため価格を下げて表面利回りを高く見せている可能性が高いのです。

# 相場変動をチャンスにする「エクストリーム理論」

## ■ 不動産投資はタイミングが重要

　不動産投資においては、物件を購入するにしろ売却するにしろ、タイミングが非常に重要です。

　購入にあたって焦りは禁物です。良い物件に出会う機会はそうそう多くはありませんが、普段から準備を怠らず、アービトラージの視点で自分なりの判断基準を磨きましょう。

　一方で100％満足できる物件に出会うまで待つというのも考えものです。

　たとえば、いま３億円の物件を表面利回り５％で購入するのと、５年後に表面利回り5.5％の物件を2.7億円で購入できるとしたら、どちらのタイミングを選ぶべきでしょうか。

　確かに、５年後に3,000万円安く買えるとしたら魅力的ですが、いま買えば１年間で家賃収入が1,500万円、経費率が20％として、利益は1,200万円です。そのまま５年間待てば6,000万円の機会損失となります。

　3,000万円安くなるのと、6,000万円の機会損失ではどちらが有利かは明らかです。

**図4-4** 投資のタイミングについてのシミュレーション例

**【いま買うケース】**

物件価格：3億円
賃料：1,500万円／年（利回り：5％）
経費率：20％（正味収益：1,200万円／年）

**【5年後の状況】**
物件価格：2億7,000万円
正味収益：1,200万円×5年＝6,000万円
資産総額：3億3,000万円

**【5年後に買うケース】**

物件価格：2億7,000万円
賃料：1,500万円／年（利回り5.6％）
資産総額：2億7,000万円

## ■ 相場の動きをモデル化した「エクストリーム理論」

　不動産投資のタイミングを判断するツールとして、私が独自にモデル化した「エクストリーム理論」を紹介しておきましょう。

　1990年代後半から日本の不動産、特に賃貸マンションやオフィスビルなど収益不動産は金融商品化しました。

　金融商品の価格は基本的に、投資家の期待利回りによって決まります。収益不動産についても同じです。

期待利回りは金融市場において最もリスクが低い金融商品の金利を基準として、それぞれの金融商品のリスクを加味した金利を上乗せしたものになります。

　金融市場において最もリスクが低い金融商品とは「国債」です。国が発行する債券である国債は、その国の金融市場においては最も信用力が高く、発行額も多いので他の金融商品と比較する際の基準にされるのです。

　また、国債以外の金融商品に対して投資家が求める上乗せ金利を「リスクプレミアム」といいます。収益不動産も国債に比べるとさまざまなリスク要因があるので、国債よりある程度、利回りが高くないと投資家の期待に応えることはできません。

　ちなみに収益不動産のリスク要因としては、**図4-5**のようなものが

**図4-5** 収益不動産の主なリスク要因（個別要素）

1. 土地や建物の瑕疵（地盤沈下、雨漏り、施工不良など）
2. テナントの賃料滞納
3. 地盤沈下、建物や設備の瑕疵
4. 流動性（換金に時間がかかる）
5. 事件や事故によるイメージダウン（自殺、殺人事件など）
6. 大雨、地震等の自然災害
7. 暴力団の占有
8. 想定以上の修繕費
9. 少子化による需要減少
10. 隣地境界問題

など

あります。

　これらのリスクの分だけ、不動産投資に求められる期待利回りは国債の利回りより高くなるはずです。

　私は東京都心の収益不動産であれば、リスクプレミアムは3〜4％と見ています。こうして、国債（特に発行残高が多い10年国債）の金利（利回り）に不動産固有のリスク要因の分（リスクプレミアム）を上乗せしたものが、収益不動産の「期待利回り（理論値）」となります。

## 10年国債金利＋不動産固有のリスクプレミアム＝期待利回り（理論値）
　例：0.5％＋3.5％＝4.0％

　一方、実際の市場において収益不動産の価格は、景気の動向や金融機関の融資姿勢などによって上下します。それによって、収益不動産の価格に対するネット収益（賃料から各種経費を差し引いたもの）の比率である「ネット利回り（実績値）」も上下し、「期待利回り（理論値）」との差が広がったり縮んだりします。
「ネット利回り（実績値）」と「期待利回り（理論値）」の差が広がったり縮んだりするのは、収益不動産の価格変動に比べて賃料の変動が緩やかであることと、不動産投資に対する投資家の心理が関係しています。

　収益不動産の価格変動に比べて賃料の変動が緩やかなのは、賃貸借契約が一般に2年単位と長いからです。契約更新時の賃料の改定幅も売買価格の変動幅に比べれば小さいといえます。

　もうひとつの不動産投資に対する投資家の心理とは次のようなことです。景気が過熱したり金融機関の融資姿勢が緩むと収益不動産の価格が大きく上昇するので、投資家は不動産投資におけるリスクをあまり気にしなくなります。逆に、景気が悪化したり金融機関の融資姿勢

が厳しくなると収益不動産の価格は大きく下がり、投資家は不動産投資のリスクを過剰なまでに意識するようになります。

　こうした市場の動きと投資家の心理が影響し合うことで、収益不動産の価格には上昇、下落の双方において行き過ぎ（オーバーシュート）が起こります。

　このオーバーシュート部分を私は「極値（エクストリーム）」と名付け、不動産投資における「エクストリーム理論」として15年ほど前から紹介してきました。「極値（エクストリーム）」の発生やその程度は、基本的に「ネット利回り（実績値）」と「期待利回り（理論値）」がどれくらいかい離しているかで判断します。

「エクストリーム理論」を理解し、収益不動産の価格のオーバーシュートを意識していれば、タイミングを間違えて高値掴みしたり慌てて損切りしたりする可能性を抑えられます。むしろ、世の中が総悲観の時に冷静に行動し、勝ち組（少数派）になることができるはずです。

**図4-6**　「エクストリーム理論」のイメージ

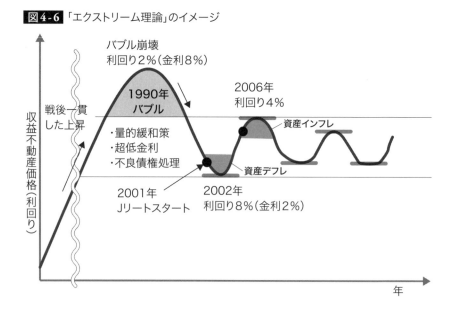

## ■ 今後の国債金利の動きに注目

　ここで注意すべきは、ずっと０％だった長期国債の金利が最近、上昇していることです。収益不動産のリスクプレミアムが同じであっても、国債金利が上がれば収益不動産の「期待利回り（理論値）」も上がります。利回りが上がるということは収益還元法では値下がりの圧力になります。

　欧米ではすでに、アフターコロナの経済再開やウクライナ紛争によるエネルギー価格の急騰によってインフレが進み、中央銀行による利上げが急ピッチで行われています。国債金利もこれにともない大幅に上昇しています。

　一方、日本はいまのところそこまでインフレも激しくなく、国債金利の上昇もさほど見られません。

　しかし、今後もいまのままかどうかは注意が必要です。

## ■ 日銀の政策変更の行方

　この点においていま注目されているのが、新しく日銀総裁になった植田和男氏のもとで日銀が政策変更に踏み出すかどうかということです。

　これについては2023年７月、日銀は金融政策決定会合においてこれまで続けてきた長短金利操作（イールドカーブ・コントロール）の事実上の修正に踏み切りました。長期金利の上限は0.5％を「めど」としたうえで、市場動向に応じて0.5％を一定程度超えることを容認するというものです。また、23年度の消費者物価指数（コアCPI）の前年度比上昇率の見通しを2.5％に上方修正しました。その先の24年度は1.9％、25年度は1.6％としていますが、最近の値上げラッシュや賃金の引上げの動きが続く可能性もあります。

　日銀はコメントで、２％という物価目標の「持続的・安定的な実現

図4-7 主要先進国の国債金利（10年物）の長期及び直近の推移

## 【長期推移】

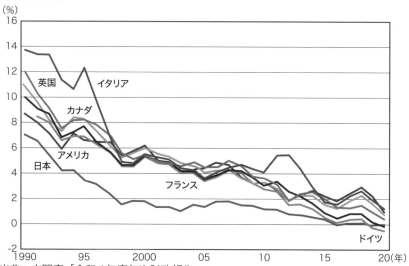

出典：内閣府「令和4年度年次財政報告」

## 【直近の推移】

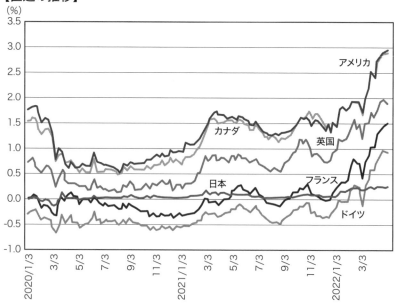

出典：内閣府「令和4年度年次財政報告」

を見通せる状況には至っておらず、粘り強く金融緩和を継続する必要がある」としつつ、「経済・物価を巡る不確実性が極めて高い」としており、金融緩和の大枠は維持する様子ですが、いよいよ政策変更の時期が近づいているように感じます。

# 俯瞰した視点とデータ の重要性

## ■ さまざまなデータを参考にする

　金融商品化されたとはいえ、収益不動産はひとつとして同じものはなく、個別性が高いことは変わりません。そのため、投資判断においてもそれぞれの物件が持つメリット、デメリットを法律、金融、建築など専門的な視点から詳しくチェックすることが欠かせません。

　同時に、不動産投資においてはより広く俯瞰した視点も大事です。景気や金融機関の姿勢、地価や不動産市場の動きなどのデータを継続的にフォローしておくと、個別の投資判断において役立ちます。

　たとえば、私がよく参考にしているのが銀行の不動産業向け貸出態度と地価の関係です。日本銀行では３か月ごとに「日銀短観」(全国企業短期経済観測調査)という調査を行っています。これは、全国の約１万社の企業を対象に、自社の業況や経済環境の現状と先行き、さらには売上高や収益、設備投資といった事業計画の実績と予想値など、企業活動全般にわたって調査しているものです。

　この「日銀短観」の調査項目の中に、「金融機関の貸出態度」という項目があります。これは企業が金融機関からお金を借りるのが容易かどうかを聞き、指数にしているものです。この「金融機関の貸出態度」のうち特に不動産業向けの貸出態度指数が地価の動きとほぼ連動

しています。

　不動産市場に流れ込む資金の多くは、金融機関からの貸出という形で不動産会社に流れます。その資金で不動産会社は土地を買い、そこにマンションやオフィスビル、物流施設など建てます。すでに運用さ

**図4-8** 銀行の不動産業向け貸出態度指数と地価の関係

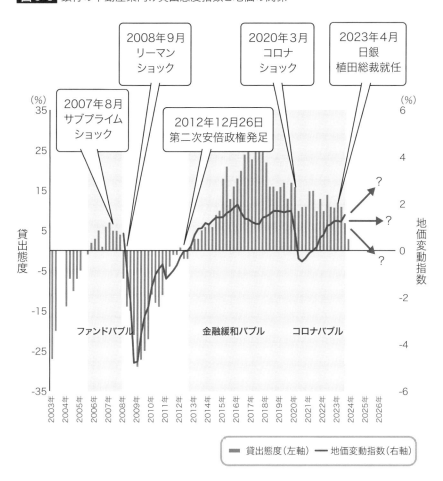

出典：日本銀行「全国企業短期経済観測調査」および国土交通省「地価動向調査」より、㈱福田財産コンサルが指数化して作成

れているマンションやオフィスビルなどの中古物件を購入することも
あるでしょう。

　不動産業向けの貸出態度が緩むとは、金融機関が不動産会社に資金
を積極的に貸出しているということで、市場での不動産の売買が盛ん
になり、不動産の価格が上昇します。逆に、不動産業向けの貸出態度
が厳しくなると、金融機関は不動産会社に貸し出していた資金を引き
揚げたりするので、売り物件が増えて不動産の価格が下がります。

　もちろん、個々の金融機関や不動産会社によって状況は異なります
が、全体的な方向性を知るのにはとても役立つ指標です。

## ■ 相場の過熱感が続いている

　こうした不動産市場全体の動向をみるデータとしてもうひとつ、一
般財団法人日本不動産研究所の「不動産投資家調査」を紹介しておき
ます。

　これは、デベロッパーや金融機関、アセットマネージャーなど不動
産業界のプロたちが不動産投資においてどれくらいの利回りを期待し
ているのかを定期的に調査しているものです。

　直近（2023年10月）のデータによると、住宅は「東京・城南」の
ワンルームタイプとファミリータイプが前回比で0.1ポイント低下し、
この調査が始まって以来最も低い水準を更新しています。それだけ価
格が上昇しているのです。

　また、同じワンルーム（1棟）でも、城南（目黒区、世田谷区）と
千葉では期待利回りに1％近い差があります。首都圏でも都心と周辺
ではそれだけリスクプレミアムの差があるのです。

　さらに今回の「不動産投資家調査」で興味深いのは、今後のリスク
要因についてのプロの判断です。「金利の上昇」が2位以下を大きく
引き離して最も多く、また想定する投資期間内において長期金利が
「1〜2％の水準」とする割合が最も多くなっています。

**図4-9** 不動産投資のプロの見方の例

## 【賃貸住宅一棟の期待利回り】

| 地区 | ワンルーム | ファミリー向け |
|---|---|---|
| 札幌 | 5.0% | 5.0% |
| 仙台 | 5.0% | 5.1% |
| さいたま | 4.6% | 4.6% |
| 千葉 | 4.7% | 4.8% |
| 東京（城南地区：目黒区、世田谷区） | 3.8% | 3.8% |
| 東京（城東地区：墨田区、江東区） | 4.0% | 4.0% |
| 横浜 | 4.4% | 4.4% |
| 名古屋 | 4.5% | 4.6% |
| 京都 | 4.7% | 4.8% |
| 大阪 | 4.4% | 4.4% |
| 神戸 | 4.8% | 4.9% |
| 広島 | 5.2% | 5.2% |
| 福岡 | 4.6% | 4.6% |

## 【想定投資期間内おける長期金利の上昇可能性】

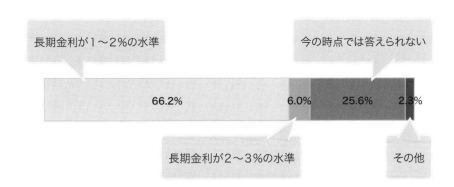

出典：一般財団法人日本不動産研究所 第49回「不動産投資家調査」（2023年10月現在）

143

**図4-10** マーケット・サイクルについてのプロの判断

賃料動向

| | | ① | ② | ③ | ④ | ⑤ | ⑥ | ⑦ | ⑧ |
|---|---|---|---|---|---|---|---|---|---|
| 東京 | 現在 | 4% | 0% | 1% | 1% | 22% | 47% | 20% | 5% |
| （丸の内、大手町地区） | 半年後 | 5% | 2% | 1% | 1% | 16% | 46% | 22% | 9% |
| 大阪 | 現在 | 2% | 0% | 0% | 4% | 29% | 45% | 15% | 6% |
| （御堂筋沿い） | 半年後 | 2% | 2% | 0% | 5% | 17% | 49% | 19% | 7% |

元本価格動向

| | | ① | ② | ③ | ④ | ⑤ | ⑥ | ⑦ | ⑧ |
|---|---|---|---|---|---|---|---|---|---|
| 東京 | 現在 | 0% | 0% | 1% | 4% | 72% | 17% | 5% | 1% |
| （丸の内、大手町地区） | 半年後 | 1% | 0% | 1% | 3% | 57% | 31% | 5% | 2% |
| 大阪 | 現在 | 1% | 0% | 0% | 5% | 73% | 16% | 6% | 0% |
| （御堂筋沿い） | 半年後 | 0% | 1% | 0% | 5% | 53% | 33% | 6% | 2% |

市況動向

| | | ① | ② | ③ | ④ | ⑤ | ⑥ | ⑦ | ⑧ |
|---|---|---|---|---|---|---|---|---|---|
| 東京 | 現在 | 1% | 0% | 2% | 5% | 59% | 26% | 8% | 0% |
| （丸の内、大手町地区） | 半年後 | 1% | 0% | 2% | 2% | 46% | 37% | 9% | 3% |
| 大阪 | 現在 | 1% | 0% | 1% | 5% | 61% | 24% | 7% | 1% |
| （御堂筋沿い） | 半年後 | 2% | 0% | 1% | 4% | 41% | 42% | 8% | 3% |

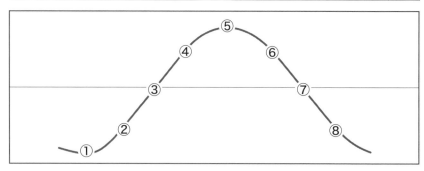

①：底である。
②：底を脱し、回復局面に転じた。
③：回復が続いている。
④：拡大が続き、ピークに近づいている。
⑤：ピークである。
⑥：ピークを過ぎ、減退局面に転じた。
⑦：減退が続いている。
⑧：減退が続き、底に近づいている。

出典：一般財団法人日本不動産研究所 第49回「不動産投資家調査」（2023年10月現在）

なお、8段階に分けたマーケットサイクルにおいて東京と大阪の超都心のオフィスビルの元本価格動向と市況動向は「⑤ピークである」が多く、また賃料については「⑥ピークを過ぎ、減退局面に転じた」という回答が半数近くあります。

　地価や不動産価格全体の動きを示唆しているのではないでしょうか。

# 日本経済の中長期的な見通し

## ■ いよいよデフレからインフレへ

　日本でも2023年10月時点で、消費者物価指数（CPI）の２％超えが続いています。物価上昇はもはや一時的とはいえず、過去30年近く続いたデフレとは様変わりしています。

　とはいえ、日本がすぐ欧米並みの状況になるかというとそうとも思えません。23年春に就任した植田日銀総裁は、これまで超金融緩和を続けてきた「黒田路線」を引き継ぐことを表明しています。

　さらに、日本には巨額の財政赤字という問題があります。日本政府の借金の状況をみると、2022年度末には1,029兆円に上ります。また、財政の持続可能性をみるうえでは、政府債務の返済原資となる税収を生み出す経済規模（GDP）に対して総額でどのぐらいの借金をしているかが重要です。その点、日本の債務残高はGDPの２倍を超えており、主要先進国の中で最も高い水準にあります。

　さらに日本は少子高齢化が加速しており、2022年には約80万人、人口が減りました。これは山梨県や佐賀県の人口とほぼ同じです。年間100万人ペースで人口が減る時代がすぐ目の前まできています。人口減少は強烈なデフレ圧力をもたらし、物価上昇の勢いをそぐ可能性があります。

　将来のことはなんともいえませんがインフレとデフレの綱引きがややインフレ側に傾き、日銀がずっと目標にしてきた2％程度のマイルドなインフレがしばらく続くのかもしれません。その期間は、デフレが30年近く続いたのですから、10年単位になってもおかしくないと思います。

## ■ 膨大な政府債務の行方

　これからの日本経済がどのような状況になるのか、少し頭の体操をしておきましょう。

　日本の政府債務は年々、増えており国（中央政府）の借金である国債の発行残高は約1,000兆円、地方政府の借金である地方債の発行残

**図4-11** 日本の長期国債金利と短期国債金利の推移

※短期金利：2022年12月まで LIBOR、2023年1月以降 TORF を使用

高は約200兆円、国と地方を合わせるとその総額は約1,200兆円に達します。コロナ禍でも100兆円規模の赤字国債が発行されました。

　また、国の財政の持続可能性を見るうえでは、税収の元となる国の経済規模（GDP）に対してどのぐらいの借金をしているかが重要です。繰り返しになりますが、日本の債務残高はGDPの2倍（200％）を超えており、主要先進国の中で最も高い水準にあります。

　実は日本では過去にも似たような状況がありました。それは第二次世界大戦中から戦後にかけてです。当時は戦費調達のため政府債務が大きく膨らみ、1942年にGDP比で105％、43年に133％、44年に204％に達しました。しかし、戦後には国債の実質価値が縮小し、46年には56％に急低下したのです。

　なぜこれほど急低下したのでしょうか。

　敗戦後の日本には1,408億円（1945年8月）の国債残高を含め、約2,000億円の政府債務があり、破滅的な状況でした。そこで当時の大蔵省は一回限りの財産税によって国債償却・財政再建を進めようとしたのです。

　当時、大蔵省では次のように考えていたそうです。

①国債は政府の債務であるが、国債所有者たる国民にとっては債権、財産である。

②敗戦直後の国民財産総額4,000〜5,000億円のうち、2,000億円は国債という財産である。

③物（生産）と金（日銀券）が極端に不均衡な現状では、国債は実体のない財産にすぎず、むしろ悪性インフレや経済崩壊の原因である。

④そこで、国民所有の資金・資産を大規模に吸収して、物と金との不均衡を一挙に是正する必要がある。

　こうして日本政府は1946年2月に「臨時財産調査令」を閣議決定し、「金融緊急措置」を実施しました。金融緊急措置とは預貯金等の

**図4-12** 日本の政府債務残高の名目GDP等に対する推移

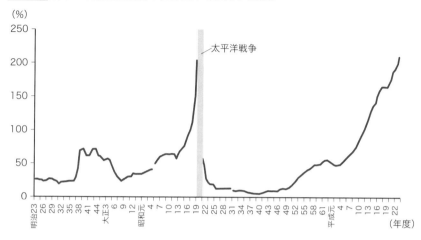

出典：財務省「社会保障・税一体改革について」

封鎖、旧円から新円への強制切替えの２つです。

　また、同年11月には「財産税法案」が成立し、46年３月の財産価格（申告）をもとに25 〜 90％（超過累進税率）で課税されました。課税対象は51万戸、税額は1,281億円だったそうです。

　さらに当時はインフレが急速に進み、たとえば1947年のインフレ率は125％、1945年から1949年に物価は70倍になったとされます。

　こうした歴史を振り返ると、投資家たるもの頭の片隅にでもいいので新たな預金封鎖と新円切り替え、あるいはハイパーインフレの可能性は意識しておくべきではないでしょうか。

## ■ 中長期的には楽観論で

　とはいえ、私は個人的には中長期的に日本と世界の経済成長に対して楽観的でいいと考えています。さまざまな問題は山積していますが、それらを乗り越えていくことは可能だということです。

　投資において将来を不安視、疑問視する人もいるでしょうが、投資

という行為自体が資本主義と市場経済における経済成長を前提にした行動です。

　もちろん、経済にはアップダウンがつきものであり、時には不況や金融恐慌も発生するでしょう。そこは慎重に見極め、備えなければなりません。

　ただ、マイナスの市況は投資のチャンスでもあります。それが私の提唱している「エクストリーム理論」につながります。

　もうひとつポイントとなるのは、人生の時間軸とのバランスです。若い世代は収入は少ないかもしれませんが、長い人生という時間の余裕があります。これを投資においても上手に活用することが大切であり、そこではある程度、リスクをとりつつ長期分散投資を行うのが基本です。一方、シニア世代になれば、残された人生は長いかもしれないし、それほどでもないかもしれません。

　リスクをとって投資を続けてもいいですが、少しずつリスクを下げて安定したポートフォリオに切り替え、上手にリターンを使っていくことも考えたいところです。

　こうした人生の時間軸とのバランスの視点からも、自分の不動産投資のスタンスを考えてみてください。

## 第4章の**ポイント**

1 / 投資におけるリスクとリターンの関係を把握するには「シャープ・レシオ」が参考になる。

2 / 相場の変動をチャンスにするために「エクストリーム理論」を理解しておきたい。

3 / 不動産市場の状況を判断するため「日銀短観」などの客観的なデータに注目するとよい。

4 / 日本経済はいよいよデフレからインフレへと変化しつつある。不動産投資もこれまでの常識が通用しなくなる。

5 / とはいえ、インフレは資本主義に備わった本質的な性質であり、中長期的には日本経済と不動産投資に対して楽観論で良いと考える。

# 第5章

# 不動産
アービトラージャ
なろう

一に

# 常識を疑え！
# 経験よりも視点が大事

## ■ アービトラージャーになろう

　価格の歪んだ資産が持つ魅力的な条件や特性を見つけようとする人を私は「アービトラージャー」と呼んでいます。

　不動産業界にも目利きの鋭さで、上手な投資ができている人がいます。それは、無意識のうちに、不動産アービトラージの発想を取り入れているからだと思います。

　アービトラージの発想ができるかどうかに知識や経験の多い少ないはさほど影響しません。かえって異業種から参入した人のほうが思い込みが少なく、不動産アービトラージがはたらく場面を見つけることができることが少なくありません。

　私自身、もともとは建築関係の仕事に長年携わっており、コンサルタントとして独立したときは不動産取引の経験はほとんどありませんでした。唯一の武器が不動産アービトラージの視点であり、その他の実務はさまざまなプロとチームを組み、任せてきました。

　みなさんもぜひ本書をきっかけに「不動産アービトラージャー」を目指してみてください。不動産や不動産投資の本質が見えてくるはずです。

## ■ 歪んだ価格差はやがて収斂する

アービトラージの特徴として、価格の歪みはいずれ収斂して消えるということがあります。

かつては南北問題や東西問題といわれるように、国別に格差がありました。現代では国別の格差というよりは、それぞれの国内での格差が広がっています。

日本においてもグローバル化とIT化により、一部の超優良国際企業が躍進しつつも、国全体としての所得水準はシンガポールや韓国に抜かれ、台湾にも追いつかれつつあります。

成熟した欧米先進国と発展するグローバスサウス（新興国）の間にも「やがて価格差は収斂していく」の法則があてはまり、一人当たりのGDPや所得の差は収斂していくものと思われます。

このようにマクロの経済を長期的に占うときにもこのアービトラージの発想は有効です。

## ■ マニュアルどおりでは無理

「アービトラージャー」は発想の問題です。ですから、一定の方法やマニュアルを理解すればできるというわけではありません。

本書ではさまざまなケースを紹介しましたが、そのまま真似てもおそらくうまくいきません。不動産は特に個別性が高く、取引条件も千差万別です。それぞれの物件や取引において、自分なりのアービトラージを見つけて実践するしかありません。

そこでどのように取り組めばいいのかを最後に紹介しておきます。

# 日々の積み重ねが重要

## ■ ヒントは日常の中にある

　不動産アービトラージャーになるには、不動産のことを知らなけれ
ばなりません。ただ、それは業界のやり方や慣習を身につけるのとは
少し違います。むしろ、そうしたものはある種の「常識」を生み出
し、知らず知らずのうちに柔軟な発想や鋭い視点を失うことにつなが
りかねません。業界の常識を疑うことがアービトラージャーへの第一
歩となります。

　その一方、具体的なアービトラージのヒントを見つけるには、多く
の物件情報に当たるしかありません。実際、私は20年近くほぼ毎日、
「マイソク」（不動産業界内で毎日、配布されている物件情報チラシ）
や「楽待（らくまち）」「HOME'S」「健美家」などネットの物件情報
を500件以上は見ています。毎日見ていると瞬時に「この価格はおか
しい」ということに気づくようになるのです。

　アービトラージの発想や視点を持ちながら、日常的に数多くの情報
に当たる。それがアービトラージャーの日常です。

　みなさんも不動産投資のアービトラージャーになろうと思うのな
ら、休日などに最低100件くらいは不動産情報をチェックしてみてく
ださい。

　最初はゆっくりでいいので価格、外観、立地（最寄り駅と徒歩分数など）、建物の構造と築年数など基本的なスペックを確認し、「どこがポイントなのか」「なぜこの価格なのか」と考えてみてください。

　ちょっとした〝違和感〟にアービトラージのヒントが隠れています。慣れてくればどんどんスピードが速くなっていきます。

## ■ 買い手としての信頼性が鍵

　個人的な感覚でいうと、「マイソク」やネット上で流れている物件情報は、売主の希望価格で掲載されているということもあって、80％は投資対象としては〝はずれ〟です。基本的に売出価格と物件の価値が合っておらず、割高です。

　そういう中で探すのは、価格と価値がほぼ一致している物件です。割高な物件が大部分を占める中では、ぱっとみて「割安そう」と見えるような物件です。ごくまれですが、売出価格のほうが本来の市場価値よりも低いケースもあります。まさにアービトラージの発見です。

　こういう物件を見つけたら仲介の不動産会社に連絡して、より詳しい資料を取り寄せます。所有者（売主）、築年数、建物の規模、レントロールなどをチェックしたうえで、自分なりの買付価格を決めて売主との交渉に進みます。

　その際、売主にすぐ「買付証明」を出すのではなく、仲介会社に「この価格でなら買いたい」という取りまとめ依頼を口頭でまず出します。仲介会社としては手数料の関係で高く売れたほうが好ましいのは確かですが、それより優先するのは確実に購入できる買い手かどうかということです。いくら高値で「買付証明」を入れてきた買い手と契約しても、金融機関のローン審査が通らなければ白紙になってしまいます。投資用物件は価格が１億円を超えることも珍しくなく、買い手の資産背景や金融機関との関係について仲介会社は敏感です。そうした買い手としての信頼性をきちんと説明しつつ、取りまとめ依頼を

行うのです。

　もちろん、それでうまくいくこともあれば断られることもあります。日々の物件情報のチェックに加え、物件の絞り込みと買付価格の検討、そして仲介会社へのとりまとめ依頼を繰り返すなかで、アービトラージャーとしての素地が養われていくはずです。

## ■ 自分の得意なジャンルをつくる

　不動産アービトラージャーを目指すにあたっては、得意なジャンルをつくるのもひとつの手です。

　投資用不動産としては、アパート、1棟マンション、区分マンション、戸建て、商業ビルなどの物件種別のほか、エリアとして首都圏、関西圏、地方の中核都市、地方の周辺都市などの違いがあります。また、建物の構造としては木造、軽量鉄骨造（主にプレハブメーカーが建てたもの）、鉄筋コンクリート（RC）造の別があり、築年数についても物件ごとに差があります。

　これらの中で、不動産投資にまだ詳しくない初心者の人はやはり、エリアをある程度絞ってアパートやマンションなど居住用物件で築浅からせいぜい築20年くらいまでをメインに物件情報をチェックするとよいでしょう。

　次第に慣れてきたら、エリアを広げたり、築年数の古いものも検討したり、上級者になるとロードサイドの店舗物件、借地・底地などに注目してみるのもありです。

　自分の得意なジャンルは一つに限らず、複数あればなおよいでしょう。新しい物件が市場に出てきた際、スピーディーに判断できること自体がアービトラージにつながります。私がいつも心がけているのは一般的な市場価格より10％から20％安く買うことです。そうした物件をいち早く見つけ出し、仲介の不動産会社を味方につけながら売主と交渉するのです。

## ■ 不動産投資の本質と不動産アービトラージ

　ここでもう一度、不動産投資の本質について整理しておきましょう。不動産投資の本質とは「個別性の高い不動産という投資対象について、リスクをコントロールしながら、リターンを最大化する」ことだといえます。

　この考え方は、「個別性の高い不動産」について「リスクのコントロール」と「リターンの最大化」の２つを組み合わせるということであり、そのための有効な手法が「不動産アービトラージ」なのです。

　不動産アービトラージにおける「リスクのコントロール」とは、市場における売出価格と物件の価値のギャップを見抜くとともに、目先の利回りだけに注目するのではなく、将来の市場価値に敏感になるということです。

　一方、「リターンの最大化」とは物件の最有効使用を探るとともに、レバレッジが鍵を握ります。また、リターンの判断においてはIRRを参考にすることが大切です。

　IRRとはInternal Rate of Returnの略で「内部収益率」と訳されます。IRRは投下資本が１年あたりどれだけの利回りで増えたかを示し、パソコンの関数計算で簡単に計算できます。このIRRという指標を使いこなせることは不動産アービトラージにおいてはとても重要です。

　IRRの大きな特徴は、レバレッジをかけると高まることです。たとえば、３億円の収益不動産を購入するケースを考えてみましょう。ネット利回りが４％で毎年1,200万円の利益があり、５年後の売却価格は取得時と同じ３億円とします。

　このとき、３億円をすべて自己資金で賄うとすると、IRR（１年当たりの投下資本利益率）はネット利回りと同じ４％になります。

　これに対し、同じ物件を自己資金5,000万円、ローン（融資）２億

5,000万円で購入したらどうでしょう。IRRは24％になります。5,000万円投資して、5年間の利益が6,000万円、年間1,200万円の利益です。1,200万円÷5,000万円なので24％となるわけです。

　利益はどちらも5年間で6,000万円という点は変わりませんが、投

**図5-1** IRRの計算方法とイメージ

【計算方法】

$$0 = C0 + C1 \diagup (1+r)1 + C2 \diagup (1+r)2 + C3 \diagup (1+r)3 \quad \cdots \\ + Cn \diagup (1+r)n$$

C0 ＝ 投資額（必ずマイナスの数値になります）

C1 ＝ 1年目の収益

C2 ＝ 2年目の収益

C3 ＝ 3年目の収益

Cn ＝ n年目（売却する年）の収益

r ＝ IRR（内部収益率）

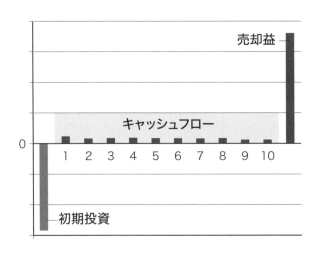

下した資本（自己資金）に対する率で見ると５％が24％となり4.8倍に増えるのです。

　また、自己資金が３億円なら、１物件当たり5,000万円の自己資本を投下するとして、同じような物件が６棟購入できます。ということは、利益は6,000万円ではなく、６倍の3.6億円になります。レバレッジをかけることにより、投下した３億円が５年間で6.6億円へ、倍以上に増えるわけです。

　なお、IRRが20％なら５年間で元本が倍になる計算です。私は５年間で投下資本が倍になる「IRR20％を目標にしましょう」といつも言っています。これは、レバレッジを使えば現実的な目標です。

　ただし、以上の計算には前提条件があります。売却価格が取得価格と同じであることです。利回りの多少の高い低いより、売却時に購入したときの価格で売れる状態にしておくことがIRRを高められるか

**図5-2** IRR（内部収益率）の計算例

| 購入金額 | 300,000,000円 |
|---|---|
| ５年後売却金額 | 300,000,000円 |
| キャピタルゲイン | 0円 |

| NOI | 4% | 4% | 3.33% | 計算式 |
|---|---|---|---|---|
| 自己資金<br>（投資元本） | -300,000,000 | -50,000,000 | -50,000,000 | |
| １年目 | 12,000,000 | 12,000,000 | 10,000,000 | 300,000,000円× NOI = I |
| ２年目 | 12,000,000 | 12,000,000 | 10,000,000 | |
| ３年目 | 12,000,000 | 12,000,000 | 10,000,000 | |
| ４年目 | 12,000,000 | 12,000,000 | 10,000,000 | |
| 最終年度 | 312,000,000 | 62,000,000 | 60,000,000 | 投資元本＋インカムゲイン＋キャピタルゲイン |
| IRR | 4% | 24% | 20% | エクセルにて【= IRR（自己資金＋１年目～最終年度の数値】 |

→ IRR20％ということは、５年で元金が倍になる

161

どうかの鍵を握ります。

　売却価格を下げないためには、どうしたらよいのでしょうか。購入時に市場価格より安く買えていることも、売却価格を下げないことにつながります。5年スパンでいえば、入居者が1～2回くらい変わるので、その際に賃料を下げないことも大切です。できれば、賃料を上げられれば理想的です。

　不動産にかかわらず、すべての投資の成果はIRRで示されます。先を読むことは大変ですが、期待するリターンとリスクのバランスを取って、リスクマネジメントしながら、果敢にリスクテイクするという投資行為を数値で示したものがIRRという優れものです。ぜひ、IRRを使いこなせるようになってください。

## 第5章の ポイント

1　価格の歪んだ資産が持つ魅力的な条件や特性を見つけようとする人が「アービトラージャー」である。

2　「アービトラージ」は発想の問題であり、一定の方法やマニュアルを理解すれば「アービトラージャー」になれるわけではない。

3　「アービトラージ」のヒントは日常の中にある。発想や視点が鍵とはいえ日常的に数多くの情報に当たることが不可欠である。

4　不動産投資の本質は、個別性の高い不動産という投資対象について、リスクをコントロールしながらリターンを最大化することである。

5　そのための判断において IRR（内部収益率）の考え方を理解しておく必要がある。

# おわりに

　日本ではいよいよバブル崩壊後30年にわたるデフレが終わりを迎えつつあります。これからインフレの時代が始まる歴史的な転換期に入ったと私は見ています。

　なぜインフレの時代になるのでしょうか。そこには二つの理由があります。

　一つは深刻化する人手不足です。

　日本の生産年齢人口（15 〜 64歳）は、1995年の約8,700万人をピークに減少に転じており、2022年には約7,500万人、この間の減少数は約1200万人にのぼります。

　また、総人口は2005年に戦後初めて前年を下回った後、2008年に約1億2,800万人でピークとなり、2011年以降は12年連続で減少。2022年には約1億2,500万人となっています。

　さらに、人口減少のスピードは年々加速しており、2022年には日本人（外国人を除く）の出生数は約70万人、死亡数は約150万人で、差し引き約80万人減少しました。間もなく年100万人のペースで減少する時代がくるのです。

　人手不足が進むと間違いなく人件費が上昇します。すでに2023年度の最低賃金は全国の加重平均で1,000円を超えます。都市部ではアルバイト・パートの時給が1,500円超のケースも珍しくありません。

　2023年の春闘では、主要企業の定期昇給相当分を含む賃上げ率が前年に比べ1.40ポイント高い3.60％となり、1993年の3.89％以来30年ぶりの高い水準となりました。

　国内の物価上昇率は2023年10月まで14か月連続で３％以上となっており、このままいけば2024年の最低賃金や賃上げ率もいまのペースが続く可能性があります。

　欧米でもそうですが、人件費の上昇はインフレの最大の要因であり

予断を許しません。

　もう一つの理由は、円安の定着です。

　ウクライナ紛争によりエネルギー価格が世界的に上昇していることに加えて円安が重なり、ガソリン価格が１リットル190円近くなったりしています。

　これにともない物流費や電気料金などが軒並み上昇。さまざまなところで事業コストが上昇しており、企業も商品やサービスの値上げに踏み切らざるを得ない状況です。値上げラッシュはこれからも続く可能性が高いでしょう。

　そうなれば、「安定的に２％の物価上昇が実現するまで金融緩和を続ける」としてきた日銀のスタンスも変わるはずです。

　すでに2023年春、10年続いた黒田前総裁から植田新総裁に交代するとともに、いわゆるイールドカーブコントロールにおける長期金利の変動幅を0.5％から１％に広げるなど、着々と政策変更の布石を打っています。

　むしろ、欧米の例を見てもわかるように、インフレはじわじわ進むというより、一気に上がる傾向があります。日本でもインフレが加速すると日銀もその抑え込みのため政策金利を大幅に引き上げざるをえなくなる可能性も否定できないのではないでしょうか。

　いまは「金利の消えた世界」から「金利のある世界」へ戻り始めた段階であり、これが「金利上昇の世界」になると社会や経済の風景は一変するはずです。特に不動産投資の常識が180度変わることになりかねません。

　なぜなら、本文でも触れましたが不動産投資は基本的にレバレッジを活用する投資です。デフレで低金利が続いた時代においては、ローンを利用しても金利負担は少なく、不動産投資を進めやすかったとい

えます。そのため、自己資金は少なく、ローンをより多く調達するのが賢いやり方だと考えられてきました。金融機関も不動産投資に対する融資を積極的に行い、一時はフルローンも珍しくありませんでした。

　しかし、金利が上昇すると金利負担の増加によって損益計算書（P/L）上のキャッシュフローが悪化するだけでなく、貸借対照表（B/S）上で資産の評価額も低下します。

　私自身、会社で保有している投資物件についてローン金利が２％上昇（0.75％→2.75％）し、それにともない表面利回りも２％上昇するシミュレーションを行ってみました。その結果は予想以上に衝撃的なものでした。

　頭では「金利が上がると P/L 上でキャッシュフローが悪化し、B/S 上資産の評価額が下がる」ということは理解しているつもりでしたが、実際に具体的な数字をつきつけられると改めてその影響の大きさを痛感した次第です。

　具体的にはキャッシュフローが年間2,900万円の黒字から100万円の赤字になり、DSCR は140％から98％となり、100％を割り込んでしまいました。また、資産の評価減により純資産が５億円から１億円になるという結果だったのです。

　まえがきでも触れましたが、私はコロナ禍に会社で積極的に不動産投資を進め、資産総額は30億円に達しました。しかし、それにともないローンの借入も増え、LTV が70％近くになっていました。レバレッジをかけていると金利が２％上がっただけでこれだけの影響を受けるのです。

　私はすでに会社所有物件の売却を進めており、現在は LTV60％を目指しているところです。それにともない、DSCR も少なくとも

150％、できれば200％程度まで改善したいと考えています。

　これまで低金利下でローンを積極的に利用し、不動産投資における成功者といわれてきたような人ほど、これまでの投資戦略を見直す必要があります。嵐がいまそこまで来ているのですから、特にLTVとDSCRの改善は急務です。

　最近、私が主宰する「ビリオンクラブ」のメンバーであるNさんから質問がありました。それに対する私の返答と合わせてご紹介します。コンサルティングの現場における真剣勝負のやり取りです。

---

### 【メンバーから】

　お世話になっています。

　X物件のシミュレーションを昨日いただいて拝見したのですが、思ったよりもフリーキャッシュフローが少ないと感じました。税引き後だと20万円程度／月にしかならないかと思います。

　本物件は築年数が古く、恐らく出口はないので持ち続けることが予想されるなか、フリーキャッシュフローがギリギリだと有事の際、ないしは金利上昇時にかなり厳しい可能性もあるなと感じました。

　平成10年前後築でローンが30〜35年の物件ならキャッシュフローも回るかと思いますが、こちら出口や保有期間についてお考えをお伺いできないでしょうか？

　また、同様の理由でY物件もマーケット全体として市況が悪化する可能性があるため、手放してもよいかと思いました。逆にZ物件などはフリーキャッシュフローがかなり良いので、キープしても良いと考えております。

## 【筆者の返答】

お世話になっております。

ごもっとものご質問で大切な視点だと思います。福田自身も常に同じ問題に対し自問自答しております。

福田の回答は「欲と恐怖のバランス」を取るということです。欲のほうが強すぎて、リスク許容度を超える投資をしてはいけませんし、恐怖が強すぎてリスクを取らず、リターンを逃し機会損失してもいけません。この問題は永遠の課題です。

リスク許容度に応じたリスク対策を行ったうえでリスクを取りリターンを得るというのが投資の基本です。

Ｎさんの場合、キャッシュが潤沢にありリスク許容度があり、そのキャッシュが何らのリターンを生んでいないのが機会損失の状態です。

今回の場合、ローン返済前で年間1,900万円の利益が上がります。年間資産価値が1,900万円落ちる確率は少ないかと思います。

今後、「インフレ⇒金利上昇⇒金融引締め⇒資産価値下落」となる可能性がある一方、「インフレ⇒賃金上昇⇒賃料上昇・建築費の上昇による建物価値の上昇」という好循環の見込みもあります。

経済状況はアメリカが先行しており、１年ほど前に大手金融機関の破たんが３件続き、金融不安・景気後退の可能性がありました。現時点ではその可能性は減少し、ソフトランディングしそうだという見解が多数派です。

日本において、今後どのようになるかは未定ですが、未だコストプッシュインフレの段階で、本格的なインフレになるとは思われていなく、短期金利は低いままです。

需要が旺盛なことによる本格的なインフレになれば短期金利も上昇することになります。その際、インフレなのでアメリカのように賃料が大幅に上がり、不動産価格も上がるということが起こる可能性もあ

ります。

　基本的に投資は持ち続けた人が一番勝っています。不動産も同じです。景気を予測して売ったり買ったりしている人より、持ち続けた人が資産を増やしています。

　今回の物件の出口ですが、価格次第です。魅力は土地の価格と利回りなので、近隣より少し高めの利回りにすれば換金は可能です。インフレが進もうとしている現在、キャッシュの価値は下がり、現物資産の価値が上がると予想されます。レバレッジを利かせすぎると金利負担に負けてしまうかもしれません。

　そこで福田はDSCR（返済猶予率）を150％以上にすることと、全資産のLTV（ローントゥバリュー）を60％以下にすること（総資産10億円なら負債6億円まで）をリスクヘッジの指標として投資をしております。

　本物件の表面利回りは8.5％です。このような利回りのものを神奈川県で見つけることは難しいかなあとも思います。

　福田も上記のような思考を巡らせながら、長期に不動産収入を得る視点を大切にしております。もちろん、売却もしますがそれは次のさらなる投資の頭金にするためです。

　また、将来的には大部分の不動産を売却して、無借金の不動産だけにするということも考えております。

　お答えになっているかどうかはわかりませんが、判断はNさんにお任せいたします。

---

　投資に正解はありません。ここにもあるように私自身、常に思考を巡らせています。いま時代の変化がますます速まっています。未来を予測して判断することが難しくなっています。そんな時代だからこ

そ、アービトラージ思考を養い、未来に果敢に挑戦して欲しいと思い、本書を執筆したのです。

　中長期のスパンでみれば私は楽観的です。インフレになれば実物資産である不動産の価値は間違いなく上がります。問題はローンによるレバレッジの掛け方です。

　これからの不動産投資では、バランスの取り方がこれまで以上に難しくなります。それはアービトラージのチャンスが増えることも意味します。


　本物の「不動産アービトラージャー」になりたいという方にお伝えします。人をあてにすることなく、自分で一次情報を集め、自分で仮説を立て、そして自分で決断し実行する。仮説の検証を行ったうえで、また新たな仮説を考え、自分で決断し実行する。この繰り返しが成功するアービトラージャーになる唯一の方法であると確信しています。

　情報を集める際にはYouTubeや講演会、書籍などで得た知識だけではなく、実際に現場に行き、実際にやっている人からの生情報を集めることです。

　本書の事例はまさにそうしたときのものです。アービトラージの性質として、徐々に歪みは縮小し、やがてその歪みはなくなります。相続税の評価の見直しは、その典型的なものです。だから、本書に書いてあることが、すべて正しいというものでもありません。

　時代の変化に目を凝らしながら、不動産アービトラージに挑戦してみてください。常に時代に合った新たな歪みを見つけていきましょう。私自身も新たな不動産アービトラージに挑戦するつもりです。


　最後に私にとっての「不動産投資エコシステム」を支えていただいているお客様、不動産会社、PM・BM会社、金融機関、司法書士、

税理士などの皆さまに感謝を申し上げます。本書の内容は皆さまとの長いお付き合いの中で蓄積された経験やノウハウをベースにしたものです。また、本書をまとめるにあたっては古井編集事務所の古井一匡さんに協力いただきました。秘書の野村明子さんには校正や推敲のみならず、日ごろから講演レジュメや各種資料のとりまとめに尽力いただいています。改めてお礼申し上げます。

　本書をきっかけに、新たな不動産アービトラージャーが世に次々と誕生することを祈りつつ筆を置きます。


福田郁雄

**【著者紹介】**

**福田　郁雄（ふくた・いくお）**

株式会社福田財産コンサル　代表取締役
財産戦略コンサルタント

1959（昭和34）年岐阜県生まれ。鳥取大学工学部卒業。大手ハウスメーカーにて船橋支店長、本社資産活用推進部の責任者を経験後、大手賃貸管理会社の役員を務め、2004年に株式会社福田財産コンサルを設立。総額1,800億円を超える豊富な財産コンサルティングの経験を活かし、中立的な立場で依頼者本位の助言を行う。また、コンサルの傍ら、不動産相続ビジネス研究会顧問、公認不動産コンサルティングマスター「相続対策専門士」統括講師、公認不動産コンサルティングマスター試験アドバイザー、株式会社レガシー企画制作DVD講師、JA、宅建協会、㈱住宅新報社等の講演・勉強会を多数務めてきた。現在は、総資産10億円以上の資産家が集まる「ビリオンクラブ」の運営を中心に、完全個別の財産コンサルティングに絞って業務を行っている。さらに、自身もロバート・キヨサキ氏の提言に触発され、不動産投資を実践し、今では家賃収入1億円以上、総資産10億円以上の投資家となり、「ビリオンクラブ」の仲間入りをした。メンバーに対しては理論だけでなく、自らの実践・検証をもとに、資産家・経営者・投資家・コンサルタントの4つの立場で助言を行っている。著書、DVD多数。

株式会社福田財産コンサル　ホームページ
https://www.fuku-zai.com/

**資産10億円をめざす不動産アービトラージ入門**

2024年3月13日　初版発行　　　　　　　　　　　　　©2024

著　者　　福　田　郁　雄
発行人　　今　井　　　修
印　刷　　亜細亜印刷株式会社
発行所　　プラチナ出版株式会社
〒101-0031　東京都中央区京橋3丁目9-7
京橋鈴木ビル7F
TEL 03-3561-0200　FAX03-6264-4644
http://www.platinum-pub.co.jp